AF452119

MINISTÈRE DE L'INSTRUCTION PUBLIQUE ET DES BEAUX-ARTS.

INSTRUCTIONS ÉLÉMENTAIRES

ET TECHNIQUES

POUR

LA MISE ET LE MAINTIEN EN ORDRE DES LIVRES

D'UNE BIBLIOTHÈQUE.

LILLE

IMPRIMERIE L. DANEL.

1890.

INSTRUCTIONS ÉLÉMENTAIRES

ET TECHNIQUES

POUR LA MISE ET LE MAINTIEN EN ORDRE DES LIVRES

D'UNE BIBLIOTHÈQUE.

MINISTÈRE DE L'INSTRUCTION PUBLIQUE
ET DES BEAUX-ARTS.

INSTRUCTIONS ÉLÉMENTAIRES

ET TECHNIQUES

POUR

LA MISE ET LE MAINTIEN EN ORDRE DES LIVRES

D'UNE BIBLIOTHÈQUE.

LILLE
IMPRIMERIE L. DANEL.
1890.

INSTRUCTIONS ÉLÉMENTAIRES

ET TECHNIQUES

POUR

LA MISE ET LE MAINTIEN EN ORDRE DES LIVRES

D'UNE BIBLIOTHÈQUE.

I. Estampillage des livres.

L'une des premières mesures à prendre dans une bibliothèque, c'est d'en estampiller les livres pour en empêcher la dilapidation. L'estampille doit être apposée conformément aux prescriptions contenues dans une circulaire en date du 24 décembre 1884, dont le texte est reproduit à l'appendice V.

II. Nécessité de coter les livres.

Une bibliothèque ne saurait être bien administrée si tous les livres n'en sont pas cotés, c'est-à-dire si chacun d'eux ne porte pas une cote ou un numéro qui fournisse le moyen de le trouver sur les rayons et de le remettre en place sans la moindre hésitation. Autant que possible, la cote doit être inscrite à la fois sur le dos du volume et à l'intérieur, soit sur le titre ou le faux titre, soit sur un feuillet de garde.

III. Conservation des anciens numérotages.

Quand il existe un ancien numérotage, il peut être conservé, pourvu qu'il ne présente pas trop d'anomalies et de complications, pourvu aussi qu'on puisse en corriger les irrégularités. L'essentiel est que les cotes se succèdent sans interruptions, qu'il n'y ait point de volumes dépourvus de cotes et que la même cote ne s'applique jamais à deux volumes différents.

La conservation des anciens numérotages peut aisément se concilier avec les mesures dont il va être question en vue surtout des bibliothèques soumises à un nouveau classement. Tout en laissant les volumes rangés et cotés comme par le passé, on peut en dresser l'inventaire en juxtaposant des cotes d'inventaire aux anciens numéros (1), suivant le système qui sera exposé dans le chapitre suivant. Une colonne de l'inventaire fournira la concordance exacte des nouvelles cotes avec les anciennes, et rien ne sera plus facile que d'établir la contrepartie de cette concordance pour avoir le moyen de passer du n° de l'ancien catalogue à la cote correspondante du nouvel inventaire.

On trouvera à l'appendice II un modèle d'inventaire et de concordance établis dans ces conditions.

IV. Établissement d'un nouveau numérotage, sans modification de l'ordre dans lequel les livres sont placés sur les rayons.

Quand il n'existe pas de numérotage ou que le numérotage existant est trop imparfait pour être conservé, le bibliothécaire qui doit procéder à un nouveau numérotage peut, à la rigueur, ne pas modifier le classement, fût-il même très défectueux, d'après lequel les livres sont placés sur les rayons ; il veillera seulement à ce que les différents volumes d'un même ouvrage soient rapprochés les uns des autres. Cette précaution prise, il pourra numéroter les livres suivant l'ordre dans lequel il les trouvera, en commençant par le premier rayon de la première armoire, et en poursuivant le numérotage jusqu'au dernier rayon de la dernière armoire.

V. Classement des livres en vue d'un nouveau numérotage. — Cadre de classement.

Mais il est bien préférable de ne pas procéder au numérotage avant d'avoir réparti les livres dans un certain nombre de divisions, suivant la diversité des matières, de façon, par exemple, à rassembler, à côté les uns des autres, tous les ouvrages de théologie, puis tous ceux de jurisprudence, et ainsi de suite. Chacune des divisions recevra, comme signe

---

(1) Si les anciens n°ˢ sont marqués au bas du dos des volumes, on pourra coller au haut du dos les étiquettes portant les nouvelles cotes.

caractéristique, une lettre de l'alphabet : A , B , C , etc. Voici un cadre dans lequel trouveraient aisément place tous les ouvrages dont se composent la plupart de nos bibliothèques municipales :

A. Théologie.
B. Jurisprudence.
C. Sciences philosophiques, politiques et morales.
D. Sciences physiques et chimiques.
E. Sciences naturelles. — Agriculture.
F. Médecine.
G. Sciences mathématiques et applications. — Mécanique. — Astronomie. — Marine. — Art militaire. — Jeux.
H. Beaux-arts.
I. Linguistique et littérature. — Généralités. — Mélanges. — Langues et littératures autres que celles pour lesquelles il existe des divisions spéciales.
J. Langues et littératures de l'Orient.
K. Langues et littératures classiques (la Grèce et Rome).
L. Langue et littérature française.
M. Langues et littératures des États de l'Europe autres que la France.
N. Histoire universelle. — Généralités de la géographie et des voyages , de la chronologie, de la biographie, de l'archéologie, de la paléographie et de l'histoire ecclésiastique, y compris les croisades.
O. Histoire ancienne de l'Orient. — Juifs. — Égyptiens. — Assyriens, etc. — Indiens. — Chinois.
P. Histoire ancienne des Grecs et des Romains. — L'empire byzantin.
Q. Histoire de France.
R. Histoire des États européens autres que la France.
S. Histoire de l'Asie et de l'Afrique. On y pourra comprendre la Turquie.
T. Histoire de l'Amérique et de l'Océanie.
U. Bibliographie et histoire littéraire.
V. Mélanges encyclopédiques et autres. — Collections. — Polygraphie.

Ce cadre peut recevoir un nombre infini de modifications. Dans les bibliothèques dont le fonds principal vient des établissements religieux de l'ancien régime, au lieu d'avoir une seule division pour la Théologie, on pourra en affecter cinq aux livres de cette catégorie :

A. Écriture sainte.
B. Liturgie et conciles.
C. Pères de l'Église.
D. Théologiens et mélanges de théologie catholique.
E. Hétérodoxes.

Ailleurs, ce seront les divisions consacrées aux livres scientifiques, littéraires ou historiques qu'il faudra multiplier.

Si le nombre des divisions était supérieur à celui des lettres de l'alphabet, on devrait recourir au doublement des lettres : AA, BB, CC, etc.

On pourra aussi, dans les divisions trop considérables, établir des subdivisions, entre lesquelles on répartira, suivant leur spécialité, les différents ouvrages de la division. Étant donné, par exemple, la division Q (Histoire de France), on pourra la subdiviser en six groupes :

Qa. Généralités de l'histoire de France. — Géographie. — Histoires générales. — Résumés. — Collections de documents.
Qb. Détails de l'histoire de France par périodes et par règnes.
Qc. Publications périodiques relatives à l'histoire de France.
Qd. Histoire des institutions, et des usages politiques, ecclésiastiques, administratifs, militaires, commerciaux, etc., de la France.
Qe. Histoire provinciale et locale.
Qf. Histoire des familles et des individus (Généalogies et biographies).

VI. Constitution d'une Réserve.

Il y a grand avantage à mettre à part, pour les conserver avec un soin tout particulier, les livres les plus précieux d'une bibliothèque, tels que les incunables (livres publiés avant l'année 1501), les éditions rares, les impressions sur vélin ou sur grand papier. les volumes ornés de gravures remarquables. ceux qui renferment des annotations manuscrites, ceux qui ont appartenu à des personnages illustres ou qui sont revêtus de reliures artistiques.

Quand il y a une assez nombreuse collection d'incunables, on peut en former une série spéciale, dont les différents articles, partagés suivant les formats, seront rangés et cotés, soit en suivant l'ordre alphabétique des noms des auteurs ou des premiers mots des titres quand les ouvrages sont anonymes, soit en suivant l'ordre chronologique des dates d'impression et en rejetant à la fin les incunables non datés auxquels un classement alphabétique peut seul être appliqué. La cote des incunables peut être l'abréviation *Inc.*, suivie d'un chiffre : *Inc.* 1, *Inc.* 2, *Inc.* 3, etc., jusqu'à *Inc.* 800, s'il y a 800 incunables dans la bibliothèque.

Ce qui vient d'être dit des incunables s'applique à plus forte raison aux manuscrits, dont il est indispensable de toujours former une série indépendante. Mais il ne doit être ici question ni des manuscrits ni des incunables, qui ont donné lieu à des instructions spéciales.

Dans la série de la Réserve, les volumes seront partagés par formats, et les livres de chaque format rangés suivant l'ordre alphabétique des noms d'auteurs ou des premiers mots des titres. La cote des ouvrages mis dans la Réserve pourra être *Rés.* 1, *Rés.* 2, *Rés.* 3, etc., jusqu'à *Rés.* 1500, s'il y a 1500 articles mis dans la Réserve.

Quand on fait entrer dans la Réserve un volume qui portait un numéro dans une série du fonds ordinaire, on doit remplacer ce volume sur les rayons du fonds ordinaire par une planchette, un carton ou une fiche indiquant le numéro que le volume a pris dans la Réserve. Ainsi supposons que la division théologique renferme sous la cote A. 1245 un Bréviaire de Chezal-Benoît, imprimé à Paris en 1586 : ce bréviaire, à raison de sa rareté. sera pris pour la Réserve, où il recevra la cote *Rés.* 495. Il sera aussitôt remplacé dans le fonds ordinaire par un carton ou par une fiche sur laquelle sera inscrite cette mention :

A. 1245. Breviarium congregationis Casalis Benedicti. Par., 1586 = *Rés.* 495

VII. Constitution d'une série de livres spécialement relatifs a une province ou a une localité.

L'usage s'est introduit dans un certain nombre de bibliothèques de réunir en une division spéciale toutes les publications relatives à une province ou à une localité. Cet usage présente de sérieux avantages, et les efforts des bibliothécaires qui travaillent à rassembler les volumes, brochures ou pièces volantes intéressant leur pays ou leur ville ne sauraient être trop encouragés.

La division consacrée à ce genre de documents doit être désignée par un signe quelconque, soit la dernière lettre de l'alphabet Z, et partagée en plusieurs subdivisions répondant chacune à un genre différent de documents : chaque subdivision sera distinguée par une lettre minuscule juxtaposée au Z majuscule. A titre d'exemple, nous proposons le cadre suivant pour une collection relative à une ville de moyenne importance :

Z a. Topographie physique. — Histoire naturelle. — Météorologie.

Z b. Topographie historique. — Voirie.

Z c. Histoire générale. — Origines et antiquités. — Monographies relatives à différentes époques et à différents évènements.

Z d. Journaux.

Z e. Rapports de la ville avec l'État. — Institutions politiques. — Élections des députés aux assemblées de l'ancien et du nouveau régime.

Z f. Municipalité.

Z g. Institutions et établissements religieux. — Cimetières.

Z h. Institutions et établissements d'instruction. — Beaux-arts.

Z i. Institutions et établissements charitables. — Exercice de la médecine.

Z j. Institutions et établissements militaires. — Fortifications.

Z k. Institutions judiciaires. — Factums.

Z l. Agriculture, industrie et commerce.

Z m. Usages, mœurs et parlers. — Fêtes publiques. — Théâtre.

Z n. Associations diverses autres que les compagnies se rattachant aux institutions dont l'histoire appartient aux groupes précédents.

Z o. Généalogies et biographies.
Z p. Ouvrages d'auteurs originaires du pays.
Z q. Livres dans lesquels se font remarquer des morceaux importants relatifs à la localité.
Z r. Impressions locales.

Le cadre doit se modifier suivant les lieux et surtout d'après l'abondance et la nature des matériaux. Pour telle ville considérable, riche en souvenirs et en monuments de l'époque romaine, il conviendra de créer un groupe consacré aux publications sur l'histoire et les antiquités romaines. Pour telle autre, qui est ou qui fut le centre d'une industrie considérable, il sera bon de former un groupe de tout ce qui concerne cette industrie.

Un écueil à éviter dans la constitution de la série dont il est ici question, c'est la tentation d'y faire entrer, sous un prétexte futile, des livres dont la véritable place est dans les autres divisions de la bibliothèque. Ainsi, le bibliothécaire qui organiserait une série angevine ne devrait pas y mettre le *Gallia christiana*, par le motif qu'une notable partie du tome XIV de cet ouvrage concerne l'évêché, le chapitre et les abbayes d'Angers. Le *Gallia christiana* ne saurait sortir du groupe des livres relatifs à l'histoire ecclésiastique de la France ; mais, tout en l'y maintenant, il serait parfaitement légitime de le représenter dans les catalogues de la série angevine par une mention avec renvoi au groupe dans lequel l'ouvrage est classé.

Il n'y aurait pas lieu de s'arrêter à des scrupules de cette nature pour des livres dépourvus par eux-mêmes de valeur historique, scientifique ou littéraire, dans lesquels se détachent, souvent parmi les pièces liminaires, quelques pages présentant un réel intérêt pour les études locales. De tels livres sont tout à fait à leur place dans la série dont nous parlons ; ils peuvent y prendre une notable importance, qui sera mise en relief dans le catalogue particulier de la division dont il est ici question.

La série des impressions locales doit être constituée avec beaucoup de discernement, surtout quand il s'agit de villes dans lesquelles l'art typographique a été longtemps florissant et a produit un grand nombre de livres. Il ne faut faire entrer dans cette série que les impressions anciennes, celles qui se rattachent aux origines des principaux ateliers, qui en font suivre les progrès, qui sont en quelque sorte des chefs-d'œuvre et qui permettent d'établir d'une façon authentique la succession des notables imprimeurs ou libraires de la région ou de la localité.

VIII. Mise a part des ouvrages et des collections les plus fréquemment consultés.

Le service d'une bibliothèque est singulièrement facilité quand les livres les plus usuels, au lieu d'être dispersés dans des armoires plus ou moins éloignées, sont réunis soit dans la salle de lecture, soit à côté de cette salle. Il faut même s'ingénier pour que les lecteurs, sans être obligés de s'adresser à un fonctionnaire ou à un gardien, puissent prendre eux-mêmes sur les rayons, autour de la salle de travail, les ouvrages auxquels ils ont à recourir le plus habituellement, comme les dictionnaires de langues, les encyclopédies générales ou particulières, les bibliographies, les répertoires chronologiques, biographiques, juridiques et scientifiques, les collections de textes, etc. Il faudra donc retirer du fonds ordinaire les livres qu'on croira pouvoir et devoir affecter à cet usage, et leur assigner des cotes spéciales qui indiqueront nettement à quel endroit le lecteur peut les trouver et doit les replacer. Ces cotes peuvent coexister avec les cotes assignées aux volumes dans le classement général de la bibliothèque, celles-ci étant appliquées au bas des dos, tandis que les autres seront collées au haut. Par exemple, si les trois volumes de l'*Art de vérifier les dates*, édition in-folio, sont classés sous les cotes M. 6, M. 7 et M. 8 dans le fonds général de la bibliothèque, ils pourront recevoir les nᵒˢ 21, 22 et 23 dans la série des livres mis à la disposition du public. Ils porteront sur le dos une double cote :

(21)	(22)	(23)
M. 6.	M. 7.	M. 8.

Dans l'armoire destinée aux volumes de la division M, à la place laissée vacante par la translation de l'*Art de vérifier les dates* dans la salle de lecture, on aura soin de mettre une planchette, un carton ou une fiche portant cette inscription :

M. 6-8. *Art de vérifier les dates* = 21-23 de la salle de lecture.

Il sera dressé une liste spéciale des ouvrages mis à la disposition des lecteurs dans les conditions qui viennent d'être indiquées.

IX. Collection de cartes géographiques et de plans. — Estampes.

Les cartes et les plans, surtout quand une bibliothèque les possède à l'état de feuilles isolées, peuvent former une section distincte, dans laquelle les premières cotes seront réservées pour les atlas proprement dits, c'est-à-dire pour les cartes reliées en volumes ; les cotes plus élevées seront affectées aux portefeuilles dans lesquels sont placés les cartes et les plans isolés.

On peut appliquer le même traitement aux estampes, qui, dans certaines bibliothèques, sont assez nombreuses pour former une section indépendante.

Les signes AA et BB peuvent servir à désigner la section des cartes et celle des estampes.

X. Constitution de recueils factices.

Il y a souvent un réel intérêt à former et à conserver en bon ordre certaines collections de pièces qu'il n'est pas indispensable et qu'il serait trop long de coter et de cataloguer une à une. On en constituera des recueils factices consacrés chacun à un sujet bien déterminé. Les pièces de chaque recueil seront, d'après leur nature, classées tantôt suivant l'ordre chronologique, tantôt suivant un ordre alphabétique. L'ensemble de chaque recueil factice recevra un numéro dans la division ou la subdivision du cadre bibliographique à laquelle il aura été rattaché.

C'est surtout dans les bibliothèques où l'on veut réunir et classer tout ce qui concerne une localité que le besoin de créer ces recueils factices se fera sentir. Un bibliothécaire soigneux recueillera tout ce qui s'imprime sur les institutions, les établissements et les habitants de sa ville. Ainsi, il rassemblera dans des portefeuilles in-folio, in-quarto ou in-octavo. selon les formats, toutes les pièces, y compris certaines affiches, qui se rapportent aux élections des députés, aux sociétés de secours mutuels, aux collèges et aux écoles, à l'état-civil des personnes notables, etc., etc., etc. De cette façon se trouveront constitués des recueils qui pourront être ainsi cotés et intitulés :

Ze. 115. Recueil de professions de foi, d'affiches et de pièces diverses relatives aux élections de députés et de sénateurs, dans la ville de ..., depuis l'année ... Portefeuille in-4°.

Zh. 37. Palmarès et autres documents relatifs aux distributions de prix dans le collège de ..., depuis l'année ... Portefeuille in-4°.

Zh. 38. Recueil de pièces relatives aux écoles primaires de la ville de ..., depuis l'année ... Portefeuille in-4°.

Zm. 63. Recueil de pièces relatives aux représentations théâtrales données dans la ville de ..., depuis l'année ... Portefeuille in-4°.

Zn. 63. Statuts, comptes, rapports et documents divers concernant la Société de secours mutuels de la ville de ..., depuis l'année ... Portefeuille in-8°.

Zo. 18. Billets de mort de différents habitants de la ville de .. ou des environs. Portefeuille in-4°.

XI. Distinction par formats des livres appartenant a chaque division ou subdivision du cadre de classement. — Ordre suivant lequel doivent être rangés et numérotés les livres de chaque format dans chaque division ou subdivision.

Quand on aura réuni tous les ouvrages appartenant à une division ou à une subdivision, on formera, dans cette division ou dans cette subdivision une série spéciale pour les livres de chaque format, d'abord pour les atlas, ensuite pour les in-folio, puis pour les in-quarto et enfin pour les in-octavo et les formats inférieurs. Peuvent être attribués à la série des atlas, les volumes dont la taille dépasse 52 centimètres ; — à la série des in-folio, ceux dont la taille est comprise entre 31 et 52 centimètres ; — à celle des in-quarto, ceux dont la taille est comprise entre 25 et 31 centimètres ; — et à la dernière série, les volumes dont la hauteur ne dépasse pas 25 centimètres.

Reste à trouver dans quel ordre doivent être rangés les ouvrages de chacune des séries d'une division ou d'une subdivision. On pourrait les classer méthodiquement, en prenant pour guide la table méthodique qui remplit le dernier volume du *Manuel du libraire*, par Brunet. Mais, pour simplifier l'opération et éviter bien des tâtonnements, il suffira de ranger les livres suivant l'ordre alphabétique des noms d'auteurs ou des premiers mots du titre quand l'ouvrage est anonyme.

Toutefois, pour certaines divisions ou subdivisions, on aurait avantage à adopter un classement chronologique. Par exemple, dans le groupe Qb (détails de l'histoire de France par périodes ou par règnes), on suivrait l'ordre chronologique des événements au récit desquels les livres sont consacrés. Ailleurs, dans la subdivision Qe (histoire provinciale et locale de la France), on établirait le classement d'après l'ordre alphabétique des noms de provinces et de lieux.

Le numérotage peut être établi ou par ouvrages ou par volumes : suivant le premier système, autant de numéros sont attribués à un ouvrage que cet ouvrage a de volumes ; suivant le second, un seul numéro est affecté à l'ensemble de l'ouvrage, dont les différents volumes sont distingués par des sous-chiffres. Le premier système est surtout applicable à des séries anciennes et fermées, c'est-à-dire dans lesquelles ne figurent que tout à fait exceptionnellement des ouvrages non terminés, dont il reste à paraître un nombre indéterminé de volumes. Conformément au premier système, nous avons, dans notre spécimen, assigné les cotes A 38-74 aux 37 volumes de la collection des conciles imprimée à l'imprimerie royale, le premier volume étant coté A. 38, le deuxième A. 39, le troisième A. 40 et ainsi de suite. — Dans l'autre système, la collection toute entière aurait porté le n° A. 38 : le premier volume aurait été coté A. 38.1, le deuxième A. 38.2, le troisième A. 38.3, et ainsi de suite.

Une seule série de cotes sera appliquée aux différents ouvrages ou volumes d'une division ou d'une subdivision, c'est-à-dire que, par exemple, si la subdivision Qf renferme 5 volumes atlas, 30 in-folio, 54 in-quarto et 265 in-octavo ou de format inférieur, on donnera les cotes :

Qf. 1-5 aux atlas.

Qf. 11-40 aux in-folio.
Qf. 81-134 aux in-quarto.
Qf. 201-465 aux in-octavo et aux livres de format inférieur.

On verra plus loin que les cotes non employées sont réservées pour les ouvrages qui viendront ultérieurement compléter la subdivision Qf. Le nombre des cotes non employées à la fin de chaque format sera plus ou moins grand suivant que les accroissements doivent être plus ou moins considérables.

Si les accroissements dépassent les prévisions, on aura la ressource d'ouvrir des séries nouvelles au delà des numéros réservés à l'origine pour les livres des différents formats d'une division ou d'une subdivision déterminée. Supposons, par exemple, que dans la subdivision Q f, où nous aurions réservé

les n°s 1-10 pour les atlas,
11-80 pour les in-folio,
81-200 pour les in-quarto,
201-1000 pour les in-octavo,

supposons, dis-je, que dans cette subdivision, par suite de l'arrivée de nombreux volumes in-quarto, on ait épuisé la série des n^{os} réservés pour ce format, c'est-à-dire qu'on ait atteint le n° 200 : les volumes in-quarto qu'on aura à coter après avoir employé le n° 200 pourront prendre les n°s 1501 et suivants.

XII. Numérotage des brochures ou pièces.

On peut être embarrassé par la présence d'un plus ou moins grand nombre de brochures ou pièces dans certaines divisions bibliographiques. Les pièces (1) reliées ou cartonnées isolément ne donnent lieu à aucune difficulté ; on n'a qu'à les traiter comme des volumes ordinaires. Beaucoup des autres peuvent être réunies en volumes, pourvu qu'on ne mette dans un même volume que des pièces de taille égale, portant sur des matières homogènes ou composées par un même auteur.

Si les ressources de la bibliothèque ne permettent pas de cartonner les pièces isolément ou de les relier collectivement, on pourra simplement les mettre dans des cartons ou dans des portefeuilles, ou même en former de simples liasses, après les avoir classées dans l'ordre qui paraîtra le plus satisfaisant. Il y a de grands avantages à rapprocher les pièces

---

(1) A la Bibliothèque nationale on considère comme pièces toutes les impressions qui ont moins de 49 pages.

relatives à une même question ou traitant de sujets analogues ; mais, le plus souvent, il sera beaucoup plus simple de classer les pièces suivant l'ordre alphabétique des noms d'auteurs.

Les recueils ainsi constitués, soit à l'état de volumes reliés, soit sous la forme de cartons, portefeuilles ou liasses, seront aisément compris dans le numérotage que nous recommandons comme la mesure la plus nécessaire pour assurer l'ordre dans une bibliothèque.

A chacun de ces volumes, portefeuilles ou liasses on peut assigner un numéro unique, sauf à distinguer chaque pièce par un sous-chiffre inscrit entre parenthèses. On peut aussi donner à chaque pièce une cote individuelle appartenant à la série générale des cotes et désigner le recueil (volume, portefeuille ou liasse) par l'ensemble des cotes inscrites sur les différentes pièces dont il est composé. Ainsi, le recueil d'opuscules de Léon de Bastard, qui, dans notre spécimen, est coté V. 1050-1056 et qui renferme sept pièces, pourrait être simplement coté V. 1050, et, dans cette hypothèse, les sept pièces qu'il comprend seraient cotées V. 1050 (1), V. 1050 (2), V. 1050 (3) et ainsi de suite.

Les recueils constitués comme il vient d'être dit, trouveront leur place à la fin de la division ou subdivision bibliographique à laquelle ils auront été rattachés. Il sera, bien entendu, tenu compte des formats : les recueils d'opuscules in-4° venant après les volumes in-4°, et les recueils in-8° après les volumes in-8°.

XIII. Traitement des doubles.

Il ne faut pas négliger les doubles qui peuvent exister dans une bibliothèque : souvent, en effet, ils sont appelés à rendre de grands services, soit pour remplacer des exemplaires usés ou détériorés, soit pour faciliter des prêts extérieurs, soit pour fournir la matière d'échanges que parfois une bibliothèque peut utilement conclure, après en avoir obtenu l'approbation du Ministre de l'instruction publique.

Au moment du rangement des livres d'une bibliothèque, les différents exemplaires d'un même livre doivent être rapprochés les uns des autres pour en rendre la comparaison plus facile. Il sera toujours bien entendu que les différentes éditions d'un même livre ne constituent pas des doubles. Il y a plus : les différents états d'une même édition ne sont généralement pas à considérer comme des doubles.

En vérifiant les doubles d'une bibliothèque, on ne saurait examiner avec trop d'attention les ouvrages anciens et précieux. Il faut scrupuleusement rechercher s'ils ne présentent pas de particularités dignes de remarque. Telle serait, par exemple, la présence de ces feuillets qui, au cours du tirage ou pendant l'écoulement de l'édition, ont été remplacés par des cartons, c'est-à-dire par des feuillets sur lesquels le texte primitif a été

modifié. Telle encore, l'addition de cartes, de figures ou de pièces annexes.
Telle aussi, toute circonstance qui, pour les vrais bibliophiles, augmente
la valeur d'un livre : impression sur vélin ou sur grand papier, reliure de
luxe, notes ou signatures de possesseurs illustres.

Tous les doubles de cette condition ont leur place marquée dans la
Réserve. C'est ainsi que, dans notre spécimen, on trouvera portés deux
exemplaires de la Concordance de la Bible publiée à Cologne en 1684 :
l'un, de condition ordinaire, destiné à l'usage courant, est classé sous la
cote A. 617 ; l'autre, relié en maroquin rouge, aux armes de Colbert,
forme le n° 552 de la Réserve. — Autre exemple. Un exemplaire ordinaire de l'*Histoire littéraire de la congrégation de Saint-Maur*, par dom
Tassin, est enregistré dans notre spécimen sous la cote U. 375 ; un exemplaire du même livre, contenant les feuillets supprimés par la censure, y
figure sous le n° 381 de la Réserve.

Les doubles ordinaires peuvent porter la même cote que l'exemplaire
retenu pour le service de la bibliothèque, avec addition du mot *Double*.
Supposons qu'on se trouve posséder trois exemplaires du Lexique grec-
latin de J. Scapula, imprimé à Genève en 1616 : on choisira le meilleur,
qui prendra la cote K.346 ; les deux autres recevront aussi la cote K.346,
mais elle sera complétée par la mention *Double*.

Dans les bibliothèques peu considérables, si la disposition du local le
permet, on pourra mettre les doubles à côté de l'exemplaire qui porte la
cote simple. Mais le plus souvent, pour ménager l'espace dans les pièces
les plus saines, les mieux éclairées et les plus voisines de la salle de
travail, il faudra placer les doubles dans un local particulier, où ils seront
rangés suivant l'ordre des cotes.

XIV. Mesures a prendre pour le classement et le numérotage des livres qui viennent s'ajouter a l'ancien fonds.

Les livres qui, par suite de dons ou d'achats, viennent s'ajouter aux
collections de la bibliothèque peuvent y être classés de la façon suivante :

Suivant le sujet de ces livres, ils seront rattachés à la division ou subdivision dont ils doivent faire partie, et ils y prendront le premier des
numéros vacants dans la série qui correspond à leur format. Ainsi,
supposons que la bibliothèque vienne d'acheter ou de recevoir en don les
trois ouvrages suivants :

Tarbé (Théodore). Recherches historiques et anecdotiques sur la ville de Sens.
2ᵉ édition. Paris, 1888. In-folio.

Chartularium Universitatis Parisiensis, ed. Henricus Denifle. T. I. Parisiis, 1889.
In-4°.

Fontenay (Harold de). Autun et ses monuments, avec un précis historique par
Anatole de Charmasse. Autun, 1889. In-16.

Tous les trois appartiennent à la subdivision de l'histoire provinciale ou locale de la France Qe ; le premier est in-folio, le deuxième in-quarto, et le troisième in-seize. Après avoir constaté que dans la subdivision Qe, la dernière cote employée est 95 pour la série in-folio, 201 pour la série in-quarto et 1231 pour la série des petits formats, le bibliothécaire assignera :

> la cote Qe. 96 à l'ouvrage de M. Tarbé ;
> la cote Qe. 202 au Cartulaire de l Université de Paris ;
> la cote Qe. 1232 au livre de M. Harold de Fontenay.

Prenons un autre exemple. La bibliothèque a reçu une douzaine de brochures portant sur divers points de l'histoire provinciale ou locale de la France. Les n⁰ˢ Qe. 2001 et suivants ayant été réservés pour cette catégorie de pièces, le bibliothécaire donnera à ces douze brochures les cotes Qe. 2001, Qe. 2002,... Qe. 2012 et les mettra dans une chemise ou dans un portefeuille portant au dos la cote Qe. 2001 — 2012. Les autres brochures d'histoire provinciale ou locale qui arriveront plus tard à la bibliothèque seront cotées Qe. 2013. Qe. 2014, etc., et seront mises dans une autre chemise ou portefeuille portant la cote Qe. 2013 — ... Les portefeuilles ou chemises affectés à cet usage contiendront chacun un plus ou moins grand nombre de pièces suivant que les pièces renfermées dans le portefeuille ou la chemise seront plus ou moins épaisses.

Quand la bibliothèque reçoit la suite d'un ouvrage dont le commencement est déjà classé dans les collections, le bibliothécaire doit donner aux volumes nouvellement arrivés le numéro assigné à la partie du même ouvrage qui se trouve déjà sur les rayons. Ainsi, quand les tomes II et III du Cartulaire de l'Université de Paris entreront à la bibliothèque, ils recevront les cotes Qe. 202 (2) et Qe. 202 (3).

Dans les bibliothèques dont l'ancien numérotage aurait été conservé et dont les cadres se prêteraient difficilement à l'intercalation ou à l'addition des livres qui viendraient s'ajouter aux anciennes collections, on pourrait ouvrir des séries nouvelles ou supplémentaires dans lesquelles tous ces livres se placeraient sans causer le moindre embarras.

XV. Soins exigés pour les périodiques et les ouvrages qui paraissent par livraisons.

Les périodiques et les ouvrages qui paraissent par livraisons demandent quelques soins particuliers. Il convient de ne les mettre en place qu'au moment où un volume est achevé et que les feuilles dont il se compose ont pu être assemblées en un volume broché, cartonné ou relié. En attendant l'achèvement d'un volume, il est bon d'en conserver les livraisons à plat, sur une table ou sur des rayons, en formant un tas particulier des livraisons de chaque périodique ou de chaque ouvrage paraissant par livraisons.

Ainsi, dans une bibliothèque qui reçoit la *Bibliothèque de l'École des chartes*, le *Dictionnaire de l'ancienne langue française* de Godefroy, la *Grande encyclopédie*, le *Journal des savants*, la *Nature*, la *Revue des deux mondes...*, on formera un tas des livraisons de chacun de ces recueils ou ouvrages. Quand une livraison de chacun d'eux arrivera, on l'estampillera et on la mettra sur le tas auquel elle appartient, en vérifiant s'il n'y a pas de lacune entre cette livraison et celle qui se trouve déjà sur le tas. Cette vérification est indispensable pour pouvoir réclamer en temps utile les livraisons qui ne seraient pas régulièrement arrivées.

Si les livraisons sont communiquées à l'intérieur ou à l'extérieur de la bibliothèque, il faut représenter par des fiches les livraisons communiquées, pour être à même de s'assurer qu'il n'y a pas de lacunes dans le tas.

Quand on a reçu toutes les livraisons d'un volume, il est indispensable de les faire brocher, cartonner ou relier; mais avant de les confier à l'ouvrier, il faut vérifier si les titres et les tables sont bien à leur place. Cette précaution est d'autant plus nécessaire que beaucoup d'éditeurs ont la fâcheuse habitude de distribuer après coup le titre et les tables qui complètent un volume.

XVI. Rédaction de l'inventaire.

Au moment même où les livres d'une division de la bibliothèque sont mis en ordre et qu'ils reçoivent une cote, il faut en dresser l'inventaire, c'est-à-dire un état sommaire qui suivra minutieusement l'ordre des cotes. Cet inventaire est la plus sûre garantie du maintien de l'ordre ; il permettra de faire en peu de temps des récolements exacts et de reconnaître à quel ouvrage se rapporte une cote qu'on ne trouverait pas représentée sur les rayons. Il est aussi très nécessaire pour éviter des erreurs dans le numérotage des livres qu'on doit ajouter à une division ou à une subdivision.

Dans l'inventaire il suffit d'indiquer brièvement les ouvrages répondant aux différentes cotes. On n'y reproduira que les parties essentielles des titres, en s'attachant à copier très scrupuleusement les noms des auteurs et les dates de publication. Un modèle d'inventaire est donné à la fin des présentes instructions, appendice I.

XVII. Catalogue alphabétique par noms d'auteurs ou par premiers mots des titres pour les ouvrages anonymes.

Le répertoire le plus indispensable dans une bibliothèque est celui qui permet à la fois de s'assurer instantanément si, oui ou non, le dépôt renferme un ouvrage dont le titre est exactement donné, et, dans le cas de l'affirmative, d'aller sans la moindre hésitation prendre le livre sur les rayons. Mieux que tout autre, un catalogue alphabétique répond à ce double besoin ; mais il ne rendrait pas tous les services qu'on est fondé à lui demander s'il n'était pas rédigé suivant une méthode très rigoureuse. C'est un instrument de précision, dont toutes les parties doivent être préparées et montées avec le plus grand soin, pour qu'un ouvrier, même peu exercé, puisse s'en servir sans embarras.

Les règles à suivre pour la rédaction d'un catalogue alphabétique seraient très longues à exposer, s'il fallait prévoir toutes les difficultés qui se présenteront au cours de l'examen d'une bibliothèque de quelque étendue (1). Mais, pour le but que nous nous proposons, il suffit de poser

---

(1) Aux bibliothécaires qui voudraient se rendre un compte exact des solutions proposées pour les difficultés que présente la rédaction du catalogue alphabétique des livres d'un grand dépôt, nous recommanderons particulièrement la lecture des « règles bibliographiques » que M. Daniel Grand a données dans la *Grande Encyclopédie*, t. VI, p. 613-634. Nous leur indiquerons aussi les publications suivantes :

1° [*British Museum.*] *Alphabetical catalogue of printed books. Rules to be observed in preparing and entering titles.* S. l. ni d. in-folio de 39 p. à deux colonnes.

2° *Smithsonian report. On the construction of catalogues of libraries and their publication by means of separate stereotyped titles, with rules and examples*, by Charles C. Jewett. *Second edition.* Washington, 1853. In-8° de xii et 96 p.

Il existe une traduction italienne du travail de Jewett : *Della compilazione dei cataloghi e del modo di pubblicarli .. Regole ed esempi di* Charles C. Jewett. *Prima versione dall' inglese a cura del* D. Guido Biagi. Firenze, 1888. In-8° de ix et 121 p.

3° *Rules for a printed dictionary catalogue*, by Charles A. Cutter, librarian of the Boston Athenæum. (*Public libraries in the United States of America, their history, condition and management. Special report. Department of the interior, bureau of education. Part II.* Washington, 1876.) In-8° de 89 p.

4° *Instruction für die Ordnung der Titel im alphabetischen Zettelkatalog der Königlichen und Universitäts-Bibliothek zu Breslau*, ausgearbeitet von Dr Carl Dziatzko. Berlin, 1886. In-8° de xi et 74 p. — Le travail du Dr Dziatzko a été l'objet d'intéressantes observations, publiées par le Dr R. Garnett, du Musée britannique, dans *The Library chronicle*, vol. V, p. 166-169.

Il y a une traduction italienne des règles du Dr Dziatzko : *Regole per il catalogo alfabetico a schede della reale biblioteca universitaria di Breslavia*, compilate dal D Carlo Dziatzko. *Prima versione dal tedesco, con aggiunte e correzioni dell' autore*, a cura di Angelo Bruschi. Firenze, 1887. In-8° de vii et 112 p.

5° *Cataloghi di biblioteche e indici bibliografici. Memoria di* Giuseppe Fumagalli. Firenze, 1887. In-8° de xix et 199 p.

6° *How to catalogue a library*, by Henry B. Wheatley. London, 1889. In-16 de XII et 268 p.

On trouvera dans la *Bibliothèque de l'École des chartes* (t. XLII, 1881, p. 601-605, et t. L, 1889, p. 153-158) les règles adoptées par l'association des bibliothécaires de la Grande Bretagne et le résumé que M. Frédéric Elliot Blackstone a donné des règles du Musée britannique.

quelques principes, applicables au plus grand nombre des livres conservés dans les bibliothèques municipales, en dehors, bien entendu, des incunables, pour lesquels des instructions spéciales ont été données en 1886.

Nous parlerons successivement :

1° De la rédaction des cartes du catalogue;

2° De la mise en vedette des mots d'après lesquels seront classées les cartes portant des noms d'auteurs ;

3° De la mise en vedette des mots d'après lesquels seront classées les cartes d'ouvrages anonymes;

4° De la rédaction des cartes secondaires ou de rappel ;

5° Du rangement des cartes ·

6° De la forme matérielle à donner au catalogue.

1° *Rédaction des cartes.*

Chaque ouvrage doit être représenté par une carte, en tête de laquelle on réservera une ligne de blanc pour recevoir le nom de l'auteur, comme il sera dit plus loin. On copiera sur la carte le titre du livre, en omettant ce qui n'est pas nécessaire pour bien caractériser l'ouvrage, mais sans jamais modifier la rédaction ni l'orthographe du titre ; le nom de l'auteur sera reproduit tel qu'il est sur le titre. On reproduira de même l'adresse bibliographique : lieu de publication, nom de l'imprimeur ou du libraire, date d'année ; quand il s'agit de livres modernes, on peut omettre dans les adresses bibliographiques les noms des imprimeurs ou des libraires ; — mais l'histoire de l'imprimerie et de la librairie en France, présentant encore beaucoup de lacunes, les rédacteurs des catalogues feront œuvre utile en relevant avec le soin le plus scrupuleux toutes les particularités relatives aux imprimeurs et aux libraires français, surtout à ceux des villes d'une importance secondaire. — Après l'adresse bibliographique, il faut indiquer le format et le nombre des volumes. — Il n'est pas inutile de mentionner le genre de reliure, ni de signaler les lacunes ou les défauts notables des exemplaires.

Quand le nom de l'auteur n'est pas imprimé sur le titre, mais indiqué (exemple I) à la fin de la préface ou de l'ouvrage, on le mentionne ainsi sur la carte de catalogue : [signé......]. — On met simplement [par... ...] quand le nom de l'auteur figure au privilège ou qu'il est de notoriété publique (exemple III). — Si la connaissance du nom de l'auteur vient d'une autre source, on le mentionne sous forme d'observation, au bas de la carte, en notant d'après quelle autorité l'attribution est proposée (exemples II et IV).

On ajoutera de même entre crochets le véritable nom des auteurs qui se sont cachés sous un pseudonyme ou de toute autre façon (exemple III).

On met aussi entre crochets le lieu et la date de l'impression quand ils ne figurent pas au titre et qu'on a pu les déterminer par un procédé quelconque (exemples I et II).

Si le titre ne fait pas connaître le sujet de la publication, il faut l'expliquer par une observation ajoutée au bas de la carte (exemple I).

L'application de ces règles est rendue sensible par les exemples suivants :

(EXEMPLE I).

Un Polygraphe, esquisse. [Signé : Émile Bégin.] Meulan, [1873]. In-8°.   Qf. 1954.
> Notice sur L. G. Alfred de Martonne.

(EXEMPLE II.)

André Laudy. 1848-1888. Nogent-le-Rotrou, [1889]. In-8°.
> Notice signée P. B. [Bonnassieux, suivant une note manuscrite] et discours de M. Rocquain. — Extr. de la *Bibliothèque de l'École des chartes.*

(EXEMPLE III.)

Notice historique et bibliographique sur Antoine et Pierre Baquelier, citoyens de Grenoble, et les ouvrages qu'ils ont publiés au xv° et au xvi° siecle, par un vieux bibliophile dauphinois [Eugène Chaper]. Grenoble, 1885. In-8°.

(EXEMPLE IV.)

Compte demandé à M. Thiers. Paris, 1840. In-16.
> Par M. B. Guérard, suivant la nouvelle édition de Barbier.

Les titres rédigés dans une langue peu familière aux lecteurs d'une bibliothèque seront, autant que possible, accompagnés d'un sommaire en français. Exemples :

König Ludwig I von Bayern und seine Kunstschöpfungen zu allerhöchstdessen hundertjähriger Geburtstagsfeier, geschildert von Hans Reidelbach. München, 1888. In-4°.
        R. 2352.
> Louis I, roi de Bavière, et ses créations artistiques.

Deutsche Reichsgesetze in Einzel-Abdrucken mit Inhalts-Verzeichniss und ausführl. Sachregister. Herausgegeben von D' C. Gareis. I-II. Giessen, s. d. 2 vol. in-8°.   B. 3628.
> Lois de l'empire allemand.

2° *Mise en vedette des mots d'après lesquels seront rangées les cartes portant des noms d'auteurs.*

Quand le titre d'un livre aura été copié et disposé comme il vient d'être dit, il faudra ajouter ou souligner au haut de la carte le nom de l'auteur, ou les premiers mots du titre, si l'ouvrage est anonyme, pour bien fixer la place que la carte devra prendre dans la série alphabétique. C'est là une opération importante et délicate, à laquelle il faut procéder avec beaucoup d'attention, parce que c'est d'elle que dépend le classement des éléments du catalogue et qu'un classement défectueux suffirait pour enlever une grande partie de leur utilité aux meilleures cartes de catalogue.

Nous entrerons donc dans quelques détails sur la façon dont il convient de bien mettre en relief ou en vedette les mots d'après lesquels s'effectuera le classement. Prenons d'abord les cartes portant des noms d'auteurs.

En tête de chacune des cartes, on placera en gros caractères le nom de famille de l'auteur ou le nom sous lequel il est le plus connu ; à la suite de ce nom on ajoutera entre parenthèses le prénom :

CORNEILLE (Pierre)...... HUGO (Victor)......

Si plusieurs auteurs portent le même nom et le même prénom, il conviendra d'ajouter une qualification qui permette d'identifier chacun d'eux, pour prévenir le danger de confondre pêle-mêle dans un même groupe les ouvrages de différents écrivains.

Par exemple, il faudra bien distinguer :

MARTIN (Henri), historien, membre de l'Académie française;
MARTIN (Henri), professeur, membre de l'Académie des inscriptions;
MARTIN (Henri), archiviste-paléographe, conservateur à la bibliothèque de l'Arsenal.

Certains personnages, tels que les princes souverains, les grands feudataires, les prélats du moyen âge, divers écrivains, etc., n'ont point, à proprement parler, de noms de famille, ou du moins ne sont pas dans la pratique désignés par un nom de ce genre. Pour eux, on mettra en vedette ce que nous appelons les noms de baptême, et on distinguera les homonymes par le nom des états qu'ils ont gouvernés, des églises qu'ils ont administrées, des localités dont ils sont originaires. Dans la série des homonymes, les saints passent au premier rang. Les papes viennent à la place que l'ordre alphabétique assigne au mot *pape*. Exemples :

ALEXANDRE d'*Aphrodisias*...
ALEXANDRE III, *pape*...
ALEXANDRE I, empereur de *Russie*...
CHARLES VIII, roi de *France*...
CHARLES, duc d'*Orléans*...
PAUL (Saint).
PAUL *Diacre*.
PAUL d'*Égine*.
PAUL III, *pape*
PAUL I, empereur de *Russie*.
PHILIPPE, abbé de *Bonne Espérance*.
PHILIPPE le Bon, duc de *Bourgogne*.

Philippe II, roi d'*Espagne*.
Philippe III, roi de *France*.
Philippe de *Thessalonique*.

Les femmes mariées seront relevées à la forme sous laquelle elles sont le plus connues : c'est d'ordinaire le nom qu'elles ont pris en se mariant.

Dacier (Anne Lefèvre, femme d'André)...
Sévigné (Marie de Rabutin-Chantal, marquise de)...

Pour les personnages qui ont porté des noms différents pendant les périodes successives de leur vie, on prendra le nom le plus connu, généralement celui qui correspond à la plus haute dignité dont ils aient été investis. Toutes les œuvres de Prosper Lambertini, pape sous le nom de Benoît XIV, seront mises sous la rubrique Benoît XIV, sauf à mentionner simplement *Lambertini* (*Prosper*), avec renvoi à Benoît XIV. — Le même traitement pourra être appliqué aux œuvres de Pie II ; mais on n'oubliera pas de renvoyer du nom Æneas Silvius et du nom Piccolomini (Æneas Silvius) au nom Pie II.

Autant que possible, les noms des auteurs doivent être relevés suivant la forme que ces noms affectent dans la langue maternelle des auteurs. Ainsi, les ouvrages d'André Duchesne, de Henri Estienne et de Denis Godefroy seront mis sous les rubriques Duchesne, Estienne, Godefroy, et non sous les rubriques Quercetanus, Stephanus, Gothofredus. Toutefois, beaucoup de noms, ceux surtout de l'antiquité, peuvent être relevés sous les formes françaises qu'un usage constant a consacrées dans notre pays. Un catalogue alphabétique peut parfaitement indiquer sous les rubriques Cicéron, Jérome (Saint), Pétrarque (François), Jove (Paul)..., plutôt que sous les rubriques Cicero, Hieronymus (Sanctus), Petrarca (Francesco), Giovio (Paolo).., les textes originaux et les traductions des œuvres de ces écrivains.

Les noms composés se mettent généralement au premier mot qui entre dans la composition du nom : Arnauld d'Andilly, Boileau Despréaux Lenain de Tillemont, Malte-Brun, Quatremère de Quincy, Vicq d'Azyr, et non pas Andilly (Arnauld d'), Despréaux (Boileau), Tillemont (Lenain de), etc.

Toutefois les noms des auteurs sont relevés sous la forme qui est la plus généralement connue. Nous aurons ainsi des articles :

Buffon (Jean-Louis Leclerc, comte de) ;
Montesquieu (Charles de Secondat, baron de) ;
Tocqueville (Alexis-Charles-Henri Clerel de).

Les noms de famille anglais, quand ils sont composés de deux noms, se classent au second nom ; ainsi , nous aurons dans la série alphabétique :

HARDY (Thomas Duffus), et non DUFFUS HARDY (Thomas).
THOMPSON (Edward Maunde), et non MAUNDE THOMPSON (Edward).

Dans le classement alphabétique des noms d'auteurs, on ne tient compte ni de la particule *de*, en français, quand elle n'est pas soudée au nom, ni du *von* allemand. Le *van* néerlandais est considéré comme faisant partie du nom. Les articles contractés *Du*, *Des*, qui entrent dans la composition de tant de noms français, déterminent le classement de ces mots à la lettre D. Les noms commençant par les articles *Le* ou *La* se classent pareillement à la lettre L. Ainsi, la série d'une dizaine de noms que nous prenons au hasard pour servir d'exemples, s'établirait comme il suit :

DELABORDE (Henri), et non LABORDE (Henri de) :
DES CHAMPS (Eustache), et non CHAMPS (Eustache des) ;
DU BOULAY (César Egasse), et non BOULAY (César Egasse du) ;
LABORDE (Léon de), et non BORDE (Léon de la) :
LA FONTAINE (Jean de), et non FONTAINE (Jean de la) ;
LA ROCHEFOUCAULT (François de), et non ROCHEFOUCAULT (François de la) ;
LE MAIRE (Jean), et non MAIRE (Jean le) ;
SICKEL (Theodor von), et non VON SICKEL (Theodor) ;
VAN PRAET (J. B. B.), et non PRAET (J. B. B. Van).

Dans les noms allemands, les voyelles surmontées d'un tréma *ä, ö, ü*, sont considérées comme l'équivalent de *ae, oe, ue*, de sorte que les noms HÄNEL, LÖWENFELD et DÜMMLER seront placés dans la série alphabétique à la place qu'ils devraient occuper s'ils étaient écrits HAENEL, LOEWENFELD et DUEMMLER. C'est même sous ces dernières formes qu'il sera bon d'inscrire les noms au haut des cartes de catalogue.

Est-il besoin de faire observer que, pour les personnages qualifiés de *saints* ou de *bienheureux*, les mots *saint* et *bienheureux* doivent être mis de côté, tandis que ces mots font partie intégrante des noms de lieu ou d'institution dans la composition desquels ils sont entrés ? C'est ainsi que, pour rédiger une table alphabétique, nous rangerions sous les lettres B, D et L les articles :

BENOÎT (Saint). Règle...
DENIS (Saint). Hiérarchie céleste...
LOUIS (Saint). Enseignements...

Mais nous mettrions à la lettre S les articles :

SAINT BENOÎT sur Loire (Abbaye de)...
SAINT-DENIS en France (Ville de)...
SAINT-LOUIS (Ordre de)...
SAINT-LOUIS des Français à Rome...

Il faudrait aussi classer à la lettre S les noms d'hommes tirés d'un nom dans lequel le mot *saint* entre comme partie intégrante, par exemple :

SAINT-FOIX (de). Essais historiques sur Paris...
SAINT-PIERRE (Bernardin de). Paul et Virginie...
SAINT-VICTOR (J. M. Bins de). Tableau historique et pittoresque de Paris...

3° *Mise en vedette des mots d'après lesquels seront rangées les cartes*
des ouvrages anonymes.

Pour les ouvrages anonymes, ce sont les premiers mots des titres qui doivent être soulignés ou écrits en caractères plus gros.

Ne seront pas considérés comme premiers mots des titres certains articles et certaines formules anciennes. comme il sera expliqué un peu plus loin quand nous aurons à parler du rangement des cartes.

La règle d'après laquelle les cartes d'ouvrages anonymes, en vue du rangement général et définitif, doivent porter en vedette les premiers mots des titres souffre quelques exceptions.

Pour certaines publications administratives, il y a tout profit à prendre comme mot déterminant la place dans la série alphabétique le nom de l'administration, du département, de la ville ou de l'établissement duquel émane le document ou auquel il se rapporte. Étant donné le volume intitulé : *Département de la Seine. Ville de Paris. Direction des travaux. Notes du Directeur à l'appui du budget de l'exercice 1872.* (Paris, 1871, in-4°), nous écririons volontiers en tête de la carte la rubrique : PARIS (Ville de). Nous conseillerions pareillement de mettre la rubrique ROUEN (Ville de). en tête de la carte qui représente le volume intitulé : *République française. Ville de Rouen. Catalogue de la 31ᵉ exposition municipale de beaux-arts, ouverte au Musée de Rouen, le 1ᵉʳ octobre 1888* (Rouen, 1888, in-12), à moins qu'on n'ait décidé la formation d'un groupe sous la rubrique : EXPOSITION (Catalogues d').

Le plus souvent on peut négliger les formules administratives qui sont en tête d'un certain nombre de titres, comme : *Ministère de...... Direction générale de......, Ville de....., Université de France, Faculté des lettres de .....* et autres du même genre. Ainsi, étant donné le volume intitulé : *Ministère de l'instruction publique et des beaux-arts. Lois et règlements organiques de l'enseignement primaire* (Paris, 1888, in-8°), nous mettons en relief sur la carte de catalogue le mot LOIS...... et non pas le mot MINISTÈRE ....

Il y a des livres dont la réunion forme des groupes parfaitement homogènes et indivisibles, et que des variantes de forme, insignifiantes pour le fond, obligeraient à éloigner les uns des autres, si l'on suivait judaïquement l'ordre alphabétique des premiers mots des titres. Tels sont les

Missels, que, dans un catalogue alphabétique. il faut tous rassembler sous la rubrique Missale , encore bien que les uns soient intitulés *Missale*, et les autres *Ordo missalis*.

De même toutes les éditions des anciennes coutumes de nos provinces doivent être rangées , comme l'a fait Brunet, sous une rubrique unique Coutumes, et non pas disséminées à dix ou douze endroits, suivant que les titres commencent par les mots *Consuetudines, Costumes, Coustumes, Coustumier, Fors et coustumes. Grant coustumier, Jura et consuetudines, Lois. Chartes et coustumes, Louables coustumes, Statuts et coustumes, Usage, etc.*

Il sera avantageux de rassembler en un groupe, sous la rubrique Bibliothèques (Catalogues de), les cartes relatives aux catalogues de bibliothèques, en distinguant dans ce groupe : 1° les bibliothèques d'états, de villes , de corporations et d'établissements publics, le tout rangé suivant l'ordre alphabétique des noms des villes dans lesquelles les collections existent ou ont existé ; 2° les bibliothèques de particuliers, suivant l'ordre alphabétique des noms des propriétaires, que les catalogues aient été rédigés en vue d'une vente ou autrement, les catalogues anonymes étant rejetés à la fin pour recevoir un rangement chronologique ; 3° les fonds de libraires, classés suivant l'ordre alphabétique des noms de libraires.

On pourra aussi grouper ensemble, sous une rubrique commune Musées (Catalogues de), tous les catalogues de collections d'objets d'art, d'archéologie, d'histoire naturelle, etc., en distribuant les cartes d'après les principes qui viennent d'être indiqués pour les catalogues de bibliothèques.

La rubrique Exposition (Catalogues d') pourrait servir à grouper les catalogues des expositions temporaires d'objets d'art ou d'industrie.

On comprend l'utilité de ces groupes pour éviter l'inconvénient de disséminer dans un catalogue alphabétique par titres d'ouvrages des publications absolument semblables, que les éditeurs appellent indifféremment *Catalogue, Description, Liste, Livres, Notice,* etc.

Les publications des Sociétés savantes, *Annales, Bulletins, Comptes rendus, Mémoires.....*), peuvent aussi former un groupe sous la rubrique Sociétés savantes. Il serait subdivisé soit d'après le titre de la Société, soit d'après le nom de la ville qui en est le siège.

Dernier exemple. On ne saurait songer à disperser les diverses éditions de la farce de Pathelin, qui seraient séparées les unes des autres si le classement était rigoureusement établi d'après des titres aussi différents que : *Comedia nova que Veterator inscribitur alias Pathelinus, Comédie des Tromperies... de maistre Pierre Pathelin, Farce de maître Pierre Pathelin, Maistre Pierre Pathelin, Vie de maistre Pierre*

Pathelin... Toutes ces éditions seront placées sous la rubrique :
PATHELIN.

Il n'y a là toutefois que des exceptions à un principe qui domine l'économie de tout catalogue alphabétique : la succession des articles consacrés aux ouvrages anonymes doit y être réglée d'après les premiers mots des titres. On ne s'écartera de ce principe fondamental qu'avec beaucoup de circonspection et dans des cas très rares, analogues à ceux qui ont été cités comme exemples.

4° *Rédaction de cartes secondaires ou de rappel.*

Outre la carte principale par laquelle un ouvrage est représenté dans le catalogue, il est indispensable de préparer des cartes secondaires, ou de rappel, pour que les noms des collaborateurs, mentionnés sur les titres (quand toutefois ils ne sont pas très nombreux) et ceux des traducteurs ou annotateurs figurent à leur rang dans la série alphabétique.

Ainsi la traduction de l'*Histoire de la littérature du moyen âge*, de A. Ebert, sera l'objet d'une carte principale et de deux cartes de rappel :

(Carte principale :) EBERT (F.). — Histoire générale de la littérature du moyen âge en Occident, par A. Ebert; traduit de l'allemand, par le Dr Aymeric et le Dr James Condamin. Paris, 1883. 3 vol. in-8°. U. 2315.

(Cartes secondaires :) AYMERIC (Docteur). Trad. de Hist. de la littérature du moyen âge, par A. Ebert. U. 2315.

(et :) CONDAMIN (James). Trad. de Hist. de la littérature du moyen âge, par A. Ebert. U. 2315.

Deux cartes représenteront la curieuse chronique que M. Thompson vient de publier en Angleterre :

(Carte principale :) LE BAKER (Geoffroi) de Swynebroke. — Chronicon Galfridi Le Baker de Swynebroke, edited with notes by Edward Maunde Thompson. Oxford, 1889. In-4°. R. 935.

(Carte secondaire :) THOMPSON (Edward Maunde). Éditeur de Chronicon Galfridi Le Baker. R. 935.

Pour les ouvrages anonymes dont le nom de l'auteur aura été reconnu avec pleine certitude, il y aura une carte principale au nom de l'auteur, et une carte secondaire ou de rappel aux premiers mots du titre. Exemple :

(Carte principale :) TASSIN (dom René-Prosper). — Histoire littéraire de la congrégation de Saint-Maur. Bruxelles et Paris, 1770. In-4°. U. 375 et Réserve 381.

(Carte secondaire :) HISTOIRE LITTÉRAIRE de la congrégation de Saint-Maur, [par dom R.-Pr. Tassin]. U. 375 et Réserve 381.

Il n'y aura pas de cartes de rappel pour les initiales qui, sur beaucoup de titres, tiennent lieu des noms des auteurs.

Des cartes de rappel seront nécessaires pour les ouvrages de certains auteurs qui portent des noms composés, ou qui sont également connus par un nom et par un surnom. Ainsi, Fevret de Fontette étant appelé tantôt *Fevret*, tantôt *de Fontette*, nous aurons deux cartes, portant :

(L'une :) Fevret de Fontette. Édit. de Bibliothèque historique de la France. U. 57-61.
(L'autre :) Fontette, voy. Fevret de Fontette.

Il ne faudra pas oublier de rédiger des cartes de rappel pour renvoyer d'un nom latinisé à la forme française, quand il y a un certain écart entre les deux formes. Après avoir mis sous la rubrique : Du Boulay, la carte de la célèbre Histoire de l'Université de Paris :

Du Boulay (César Égasse). — Historia Universitatis Parisiensis.. auctore Caesare Egassio Bulæo. Parisiis, 1665-1673. 6 vol. in-fol.,

on écrira sur une autre carte :

Bulæus (C. Egassius), voy. Du Boulay.

Un bibliothécaire intelligent saura trouver dans quelle mesure il convient de rédiger des cartes de rappel pour les noms doubles ou composés. En les multipliant à l'excès, on surchargerait inutilement un catalogue. Chez nous, il est parfaitement inutile d'insérer dans un catalogue des articles tels que les suivants :

Arouet, voy. Voltaire.
Clerel, voy. Tocqueville.
Leclerc, voy. Buffon.
Secondat, voy. Montesquieu.

Il faut distinguer deux espèces de cartes de rappel : celles qui se rapportent à un auteur et celles qui se rapportent à un ouvrage déterminé.

Pour les premières, il suffit de la plus courte formule de renvoi. Ainsi, les différents ouvrages de Vulson de La Colombière étant mis sous la rubrique Vulson de La Colombière, comme l'auteur est parfois appelé *La Colombière* et non *Vulson*, nous aurons une carte de rappel ainsi conçue : La Colombière (Vulson de), voy. Vulson de la Colombière, et rien de plus ; le renvoi s'applique à tous les écrits de cet auteur.

Pour l'autre catégorie des cartes de rappels, les renseignements doivent être plus complets. Ainsi, dans une bibliothèque qui posséderait plusieurs des nombreuses traductions d'auteurs latins qu'a publiées Michel de Marolles, il ne suffirait pas d'avoir un article de rappel ainsi libellé :

Marolles (Michel de), traducteur de : Catulle, Grégoire de Tours, Horace, Lucrèce, Virgile. Voy. ces noms.

Il faudrait détailler chaque traduction, comme il suit :

Marolles (Michel de), Trad. de Catulle. Paris, 1653. K. 1817.
— Trad. de Grégoire de Tours. Paris, 1668. Q b. 965, 966.
— Trad. d'Horace. Paris, 1652. K. 1972, 1973.
— Trad. de Lucrèce. Paris, 1650. K. 2103.
— Trad. de Virgile. Paris, 1649. K. 265.

Dans les exemples ci-dessus rapportés, on remarquera que les articles de rappel, autres que les renvois d'une forme secondaire à la forme principale des noms d'auteurs, se terminent par l'indication de la cote du livre. Cette précaution a pour but de simplifier et d'abréger beaucoup de recherches. Dans bien des cas elle dispensera de feuilleter le catalogue à plusieurs endroits. Ainsi, l'article Marolles (Michel de), tel qu'on le voit quelques lignes plus haut, nous apprend que, pour avoir les différentes traductions de l'abbé de Marolles possédées par la bibliothèque, il faut aller chercher sur les rayons les volumes cotés K. 265, K. 1817, K. 1972 et 1973, K. 2103, Q b. 965 et 966. Avec un article renvoyant simplement aux mots Catulle, Grégoire de Tours, Horace, Lucrèce, Virgile, on n'aurait pas obtenu la connaissance de ces cotes sans avoir consulté le catalogue à chacun de ces cinq noms.

Il est assez commode de fournir un moyen de distinguer à première vue les cartes principales des cartes secondaires ou de rappel. En tête de ces dernières on peut mettre une étoile ou un astérisque.

5° Rangement des cartes.

On a vu comment il faut préparer les cartes qui doivent entrer dans la composition d'un catalogue alphabétique. Pour constituer ce catalogue, il reste à ranger les cartes d'après les mots mis en vedette ou transcrits en plus gros caractères.

Le catalogue alphabétique dont nous nous occupons peut, à la rigueur, se diviser en deux séries distinctes, l'une pour les noms d'auteurs, l'autre pour les premiers mots des titres des ouvrages anonymes. Mais, surtout quand il s'agit d'une bibliothèque peu considérable, il n'y a aucun inconvénient à fondre toutes les cartes dans une série unique, qui comprendra à la fois les noms d'auteurs et les premiers mots de titres d'ouvrages anonymes.

Voyons d'abord comment on opérera sur les cartes de noms d'auteurs. On les rangera suivant l'ordre alphabétique des noms :

Aaron. — *Abadie.* — *Abailard.* — *Abauzit.* — *Abbadie.* — *Abbatucci.* — *Abbon.* — *Abel,* — Etc., etc.

Quand un nom est commun à plusieurs auteurs, il faut partager les cartes relatives aux ouvrages de ces auteurs en autant de groupes qu'on aura distingué d'auteurs différents. Ces groupes se classeront entre eux suivant l'ordre alphabétique des prénoms des auteurs, les premiers rangs étant réservés aux auteurs dont les prénoms ne sont pas connus. Voici, comme exemple, l'ordre dans lequel le rédacteur de la table alphabétique du catalogue de l'Histoire de France a disposé les articles des écrivains appelés *Lenoir* ou *Le Noir.*

LENOIR. Discours lu à l'assemblée du district des Feuillants.
LENOIR. Défense de la vie monastique de saint Augustin.
LENOIR (A.)...
LENOIR (le docteur Adolphe)...
LENOIR (Albert)...
LENOIR (le chevalier Alexandre)..
LENOIR (B.-A.)...
LENOIR (D.)...
LE NOIR (Sœur Françoise-Radegonde)...
LE NOIR (dom Jacques-Louis)...
LENOIR (Jacques-Marie-Siméon)...
LENOIR (L'abbé Jean)...
LENOIR (Jean) fils, chirurgien...
LENOIR (Jean-Charles-Pierre)...
LENOIR (V.-P.)...
LE NOIR, s^r DE CREVAIN (P.)...
LENOIR-LAROCHE (le comte J.-J.)...
LENOIR-LAROCHE (Claire Reguis, comtesse)...

Les différents ouvrages enregistrés sous le nom d'un auteur se classent suivant l'ordre alphabétique des premiers mots des titres. Ainsi, l'article consacré à l'œuvre de Benjamin Guérard dans un catalogue alphabétique serait disposé comme il suit :

GUÉRARD (Benjamin).
    Bienfaisance (la) du baron de Montyon...
    Causes (Des) principales de la popularité du clergé...
    Compte demandé à M. Thiers...
    Condition des personnes et des terres...
    Discours sur la vie de J. A. de Thou.
    Essai sur le système de divisions territoriales de la Gaule...

Explication du capitulaire de Villis...
Gustave Fallot...
Lettre au sujet d'un article de la *Quotidienne*.
Notice sur M. Daunou...
Provinces et pays de France...
Semur en Auxois...
Système (Du) monétaire des Francs...
Éditeur de : Cartulaire de l'abb. de Saint-Bertin...
—   Cartulaire de l'abb. de Saint-Père...
—   Cartulaire de l'abb. de Saint-Victor...
—   Cartulaire de l'église Notre-Dame de Paris...
—   Polyptyque de l'abbaye de Saint-Rémi...
—   Polyptyque de l'abbé Irminon...

En tête de l'article consacré à un auteur peut prendre place la mention des œuvres complètes ou choisies de cet auteur.— Les différentes éditions d'un même ouvrage sont indiquées suivant l'ordre chronologique de publication. — Les traductions se mettent à la suite des textes originaux.

L'ordre des cartes des ouvrages anonymes s'établit d'après les premiers mots des titres. Pour le classement, il n'est tenu compte ni des articles simples (*le, la les*), ni des articles combinés avec la préposition *de* (*du, de la, de les*) ; mais on tient compte de la préposition *à*, soit seule, soit combinée avec les articles (*au, à la, aux*), et de la préposition *de* non suivie d'un article. On néglige les anciennes formules, telles que *Ci commence...* ou *S'ensuit...*

Quelques exemples donneront une idée de la façon dont s'appliquent ces règles :

A la mémoire de très honorable Charles-Louis Terray...
A ma mère p. trie de 1830...
A mes amis les ouvriers...
A nous deux, Cassagnac...
A Paris pendant le siège...
A propos des égouts de Rennes...
Abrégé d'histoire de France...
Aux débris de la vieille armée...
Avenir (L') scientifique...
Cent (Les) nouvelles nouvelles...
D'après nature...
D'où vient tout le mal...
De clericis præsertim episcopis...
De Dijon à Brême...
De origine Francorum...
Deffaite (La) des trouppes du maréchal de Turenne...
Discours (S'ensuit le) du siège et camp du viscomte de Thurenne...

Grande (La) Encyclopédie...
Guerre (La), l'Europe et les coalitions...
Palais Royal (Le) ou histoire de M. Du Perron...
Secret de l'histoire naturelle (C'est le).
Une vocation...

On remarquera que, dans ces exemples, l'ordre a été établi d'après la succession des mots et non d'après celle des lettres, c'est-à-dire que le mot *Abrégé*... se trouve placé après tous les articles commençant par le mot A, tandis que, si l'on tenait compte de la succession des lettres, le titre : *Abrégé d'histoire*... aurait été placé avant le titre *A la mémoire*...

6° *Forme matérielle à donner au catalogue alphabétique.*

Dans une bibliothèque dont les accroissements annuels ne sont pas considérables, le bibliothécaire, après avoir rangé les cartes comme il vient d'être dit, pourra en copier ou faire copier le contenu sur un ou plusieurs registres, dont il laissera les versos en blanc. Il pourra aussi réserver un vide entre chaque article. Moyennant cette double précaution, le catalogue pourra être tenu à jour pendant un assez grand nombre d'années, sans qu'il s'y introduise de confusion.

Si la copie des cartes était un travail trop long ou trop coûteux, on pourrait les immobiliser, soit en les fixant par un talon articulé dans des appareils spéciaux, soit en y pratiquant, vers l'extrémité inférieure, un trou dans lequel on fait passer une petite corde ou une vergette métallique.

Si au lieu de cartes on avait employé des fiches d'une certaine grandeur, on pourrait les enfermer dans des reliures mobiles dont il existe beaucoup de modèles différents.

La forme des registres est à coup sûr la meilleure : c'est elle qui offre le plus de commodités au bibliothécaire pour exécuter les recherches avec rapidité. C'est elle aussi qui permet de laisser le catalogue à la disposition des lecteurs. Mais tout système est acceptable, pourvu qu'il assure la fixité du catalogue et qu'il se prête aisément à l'intercalation d'articles nouveaux.

L'usage des cartes mobiles s'impose dans certaines circonstances ; mais les boîtes qui les renferment ne sauraient être livrées au public qui fréquente la bibliothèque. Le désordre s'y introduirait à bref délai, si le bibliothécaire n'était pas seul à s'en servir, ou s'il ne surveillait pas attentivement les lecteurs admis exceptionnellement à les consulter.

Ce que nous disons de la forme matérielle du catalogue alphabétique

s'applique, par les mêmes raisons, au catalogue méthodique et au répertoire alphabétique par noms sujets dont nous avons à nous occuper.

XVIII. Catalogue méthodique.

Quand le catalogue alphabétique aura été achevé, les cartes qui auront
servi à le former pourront être employées à la composition d'un catalogue
méthodique. On devra procéder comme il suit :

S'il a été fait une copie du catalogue alphabétique, on mettra soigneusement de côté les cartes principales, c'est-à-dire toutes les cartes autres
que les cartes de rappel ; si le catalogue alphabétique n'a pas été trans-
crit, il faudra se procurer une copie de toutes les cartes principales qui
en font partie. Par là, dans l'un et dans l'autre cas, on aura, pour chaque
ouvrage de la bibliothèque, une carte qui en indiquera le titre, le format
et la cote. C'est la totalité de ces cartes qu'il conviendra de distribuer
dans les différentes divisions, subdivisions et paragraphes d'un cadre
bibliographique, plus ou moins détaillé, dont le *Manuel* de Brunet fournit
le modèle le plus souvent adopté en France. Ce modèle pourra toutefois
être simplifié dans la plupart des cas.

Quel que soit le cadre adopté, il est bon de ne pas pousser le classement méthodique jusqu'aux dernières ramifications. Quand un groupe
homogène aura été formé, il suffira souvent de ranger alphabétiquement
les ouvrages qui en font partie. Ainsi, étant donné le groupe des Pères
de l'Église, au lieu de les classer, comme on le faisait autrefois, suivant
l'ordre chronologique, on pourra les ranger suivant l'ordre alphabétique
des noms des auteurs : *Ambroise, Augustin, Basile, Bède, Bernard,
Jérôme, Léon, Origène, Raban Maur, Théodoret.* — De même pour le
groupe des poètes français et pour celui des romanciers : il suffira de
partager ces groupes par grandes périodes (moyen-âge ; du règne de
François Ier à la Révolution; XIXe siècle), et de classer les productions de
chaque époque suivant l'ordre alphabétique des noms d'auteurs ou des
premiers mots des titres quand on est en présence d'ouvrages anonymes.
— Un dernier exemple fera encore mieux comprendre la portée de notre
observation. Un peu plus loin, nous citons une cinquantaine de publications
récentes concernant l'aérostation. Autant il serait difficile d'imaginer des
subdivisions dans lesquelles viendraient se placer méthodiquement ces
cinquante publications, et dans lesquelles seraient réservées des places
pour les futures publications relatives à l'aérostation, autant il est simple
et commode d'en avoir la liste alphabétique dressée d'après les noms des
auteurs, comme on le verra dans le chapitre suivant.

XIX. Répertoire alphabétique par noms de sujets ou de matières.

Les progrès de la science, les développements de la production littéraire et les raffinements de la bibliographie ont rendu très difficile la composition des catalogues méthodiques. Les opérations nécessaires pour y intercaler convenablement la mention des livres nouveaux sont longues et délicates.

Très souvent il y a lieu d'hésiter sur la place qui doit logiquement leur être assignée. Combien de fois n'est il pas arrivé aux meilleurs bibliothécaires de ne plus savoir exactement, quand ils reçoivent la suite d'un ouvrage, dans quelle case du catalogue méthodique ils en ont, peu d'années auparavant, placé les premiers volumes ? Comment les différents employés qui travaillent simultanément ou successivement dans une bibliothèque peuvent-ils s'astreindre à suivre avec une rigoureuse uniformité des règles qui n'ont rien d'absolu, qui reposent parfois sur des idées vieillies et dont la raison d'être a disparu dans les évolutions ou les révolutions qui, de temps à autre, viennent transformer le champ des sciences et des arts comme celui des institutions ? L'expérience n'a-t-elle pas d'ailleurs suffisamment démontré que très peu de lecteurs sont en état ou prennent la peine de s'orienter dans le dédale des catalogues méthodiques les plus perfectionnés ? De là le discrédit dans lequel sont tombés les catalogues méthodiques, auxquels tendent de plus en plus à se substituer des bibliographies spéciales, dans lesquelles celui qui étudie un sujet déterminé trouve l'indication de tout ce qu'il a intérêt à connaître, non seulement en fait d'ouvrages proprement dits et de mémoires publiés à part, mais encore en fait de travaux ou de communications insérés dans des recueils de tout genre.

Mais si l'on peut renoncer à un catalogue méthodique, ou du moins en ajourner l'exécution, il convient d'être toujours à même de connaître les ressources qu'une bibliothèque présente pour l'étude d'une question, et de trouver une publication dont on ignore le nom de l'auteur. On atteindra ce but à l'aide d'un répertoire dans lequel les ouvrages seront enregistrés suivant l'ordre alphabétique des mots qui caractérisent les sujets traités dans ces ouvrages. Pour établir ce répertoire, il faut relever chacun des mots caractéristiques que renferme le titre du livre, en prenant soin, autant que possible : 1º de traduire ces mots en français quand le livre est écrit dans une langue étrangère, morte ou vivante ; 2º de ramener à un type unique les diverses formes sous lesquelles se présentent les noms d'hommes et de lieux ; 3º d'adopter toujours le même mot pour répondre à la même idée, quand cette idée peut être exprimée par plusieurs synonymes.

Quoique nous donnions en appendice un modèle de répertoire alphabétique par noms de sujets, correspondant à la fois à notre modèle d'inventaire et à notre modèle de catalogue alphabétique par noms d'auteurs ou par premiers mots des titres, il est indispensable de montrer ici, par quelques exemples, comment doivent être choisies et arrangées les rubriques à mettre en tête des cartes qui formeront le répertoire alphabétique par noms de sujets. Nous prendrons six ouvrages, et au titre de chacun d'eux nous joindrons le texte des différents articles par lesquels l'ouvrage sera indiqué au répertoire.

I. Ernest Gaullieur. L'imprimerie à Bordeaux en 1486. Bordeaux, 1869. In-8°.

> IMPRIMERIE. L'imprimerie à Bordeaux en 1486, par E. Gaullieur. Bordeaux, 1869. In-8°.

> BORDEAUX. L'imprimerie à Bordeaux en 1486, par E. Gaullieur. Bordeaux, 1869. In-8°.

II. Jeanne d'Arc à Reims. Ses relations avec Reims, ses lettres aux Rémois, par Henri Jadart. Reims, 1887. In-8°.

> JEANNE D'ARC. Jeanne d'Arc à Reims, par Henri Jadart. Reims, 1887. In-8°.

> REIMS. Jeanne d'Arc à Reims, par Henri Jadart. Reims, 1887. In-8°.

III. Ad Henricum, Galliæ regem,...Joachimi Perionii, Benedictini Cormœriaceni, in Petrum Aretinum oratio. Ejusdem de B. Joannis qui βαπτίστης dicitur laudibus oratio. Parisiis, 1551. In-8°.

> HENRI II, ROI DE FRANCE. Ad Henricum, Galliæ regem, Joachimi Perionii in Petrum Aretinum oratio. Par., 1551. In-8°.

> ARETINO (Pietro). Joachimi Perionii in Petrum Aretinum oratio. Par., 1551. In-8°.

> JEAN BAPTISTE (Saint). Joachimi Perionii de B. Joannis Baptistæ laudibus oratio. Par., 1551. In-8°.

IV. Exuviæ sacræ Constantinopolitanæ. Fasciculus documentorum minorum ad Byzantina lipsana in Occidentem sæculo XIII° translata spectantium, et historiam quarti belli sacri imperiique gallo-græci illustrantium. (Signé : Comte Riant). Genevæ, 1877, 1878. 2 vol. in-8°.

> CONSTANTINOPLE. Exuviæ sacræ Constantinopolitanæ, par le comte Riant. Genevæ, 1877, 1878. 2 vol. in-8°.

> RELIQUES. Fasciculus documentorum ad Byzantina lipsana in Occidentem translata spectantium, par le comte Riant. Genevæ, 1877, 1878. 2 vol. in-8°.

> CROISADES. Exuviæ sacræ Constantinopolitanæ. Fasciculus documentorum minorum historiam quarti belli sacri imperiique gallo-græci illustrantium, par le comte Riant. Genevæ, 1877, 1878. 2 vol. in-8°.

> (Il n'y a pas d'article BYZANCE : le rédacteur se sera imposé pour règle de mettre sous la rubrique CONSTANTINOPLE tout ce qui concerne la ville et l'empire de Byzance).

V. A Dictionary of miniaturists, illuminators, calligraphers and copyists, with references to their works, and notices of their patrons, from the establishment of christianity to the eighteenth century, by John W. Bradley. London, 1887-1889. 3 vol. in-8°.

    MINIATURISTES. A dictionary of miniaturists, by J. W. Bradley. London, 1887-1889. 3 vol. in-8°.

    ENLUMINEURS. A dictionary of illuminators, by J. W. Bradley. London, 1887-1889. 3 vol. in-8°.

    CALLIGRAPHES. A dictionary of calligraphers, by J. W. Bradley. London, 1887-1889. 3 vol. in-8'.

    COPISTES. A dictionary of copyists, by J. W. Bradley. London, 1887-1889. 3 vol. in-8°.

VI. Briefwechsel von Jakob Grimm und Hoffmann-Fallersleben mit Hendrik van Wyn. Nebst anderen Briefen zur deutschen Litteratur, herausgegeben und erläutert von Karl Theodor Gaedertz. Bremen, 1888. In-8°.

    GRIMM (Jakob). Correspondance avec Hendrik Van Wyn. Bremen, 1888. In-8°.

    HOFFMANN-FALLERSLEBEN. Correspondance avec Hendrik Van Wyn. Bremen, 1888. In-8°.

    VAN WYN (Hendrik). Correspondance de J. Grimm et de Hoffmann-Fallersleben avec H. Van Wyn. Bremen, 1888. In-8°.

Quand un très grand nombre d'articles se trouveront réunis sous la même rubrique, il faudra les partager en plusieurs groupes bien définis et classer ces groupes secondaires suivant l'ordre alphabétique des mots qu'on aura choisis pour les caractériser.

Tous les articles qui portent la même rubrique formeront un groupe dans lequel le classement s'établira suivant l'ordre alphabétique des noms des auteurs auxquels sont dus les ouvrages rattachés au groupe. On trouvera plus bas, à titre d'exemple, une cinquantaine d'articles rangés sous la rubrique AÉROSTATION.

Beaucoup de rubriques se composent de noms d'hommes ; pour la distinction et le classement des nombreux homonymes qu'on rencontrera, il faudra suivre les règles qui ont été indiquées ci-dessus à propos du classement des noms dans le catalogue alphabétique par noms d'auteurs.

Pour le rangement alphabétique des noms de lieux, les principes ne sont pas aussi nettement arrêtés que pour celui des noms d'hommes. Aucun doute n'existe pour les noms qui commencent par le mot *Saint*, *Sainte*... : *Saint-Denis*, *Saint-Quentin* ne peuvent aller qu'à la lettre S ; mais pour les mots qui commencent par un article, les avis sont partagés. Le Dictionnaire des postes met *Le Mans* à la lettre M, tandis que le Catalogue de l'Histoire de France le met à la lettre L. Les deux systèmes peuvent se défendre par de bonnes raisons. A quelque parti qu'on s'arrête, on devra s'efforcer de résoudre les questions douteuses d'après une règle uniforme.

Les noms de lieux étrangers seront ramenés à la forme usitée en France : *Florence, Londres, Vienne...* et non pas *Firenze, London, Vindobona, Wien...*

L'opération la plus délicate consiste à englober dans un même groupe tous les ouvrages relatifs à une question, quand les titres de ces ouvrages renferment des mots très différents pour exprimer des idées semblables ou analogues. Prenons pour exemple les récentes publications relatives à l'aérostation. Si l'on s'en tenait strictement à l'énoncé des titres, ces publications seraient partagées en plusieurs groupes, sous les rubriques : AÉRIEN (Navire), AÉRIENNE (Locomotion), AÉRIENNE (Navigation), AÉRIENS (Voyages), AÉRONAUTES, AÉRONAUTIQUE, AÉROSTAT, AÉROSTATION, AIRS (Voyages dans les), BALLONS. Ce système est admissible, surtout pour le premier établissement du répertoire ; mais, à un moment donné, il sera bon de rassembler sous une seule et même rubrique, toutes les indications relatives à l'aérostation, sauf à représenter les autres rubriques par une simple mention avec renvoi à la rubrique adoptée comme type principal. On aurait ainsi ces articles de rappel :

> AÉRIEN (Navire), voy. AÉROSTATION.
>
> AÉRIENNE (Locomotion ou Navigation), voy. AÉROSTATION.
>
> AÉRIENS (Voyages), voy. AÉROSTATION.
>
> BALLONS, voy. AÉROSTATION.

L'article principal, AÉROSTATION, se présenterait sous la forme suivante : (1)

AÉROSTATION.

Arsène-Olivier. — Note sur un projet d'aérostat dirigeable. Paris, [1884]. In-8°.

Bel (Jules). — Ballon captif fusiforme. Paris, 1886. In-8°.

Bertinet (E.). — Causerie sur .a navigation aérienne. Reims, 1888. In-8°.

Buonaccorsi di Pistoja (Adolf von). — Léuftschiffahrts-Studien. Wien, 1880. In-8°. (Études aéronautiques).

Cassé (E.). — Aérostation pratique. Paris, 1883. In-8°

Castelin jeune. — Exposé d'un aérostat dirigeable de M. A. Le Compagnon. Paris, 1888. In-8°.

---

(1) Les indications suivantes ont toutes été tirées du Répertoire alphabétique par noms de sujets qui, pour les publications récentes, est tenu à la disposition des lecteurs dans la salle de travail de la Bibliothèque nationale.

Cazenove (Raoul de). — Premiers voyages aériens à Lyon en 1784. Lyon, 1887. Grand in-8°.

Dallet (G.). — La navigation aérienne. Paris, [1886]. In-16.

Desmos (Armand). — Description d'un moteur à chocs applicable aux ballons, voitures et bateaux. Nancy, 1885. In-8°.

Duroy de Bruignac. — Exposé sommaire de l'état présent de l'aéronautique. Paris, 1884. In-8°.

Espitallier (M.-G.). — Les ballons et leur emploi à la guerre. Paris, 1887. In-8°.

Figuier (Louis). — Les aérostats. Paris, 1884. In-16.

Fontaine (J.-A.). — Exposé d'un nouveau système d'aérostats dirigeables. Paris, 1886. In-4°.

Fonvielle (Wilfrid de). — L'aérostat dirigeable de Meudon. Paris, 1884. In 8°.
— La catastrophe du ballon *l'Arago*. Paris, 1888. In-8°.
— Conférence sur les travaux aéronautiques de Henry Giffard. Paris, [1885]. In-8°.

Goupil (A.). — La locomotion aérienne. Charleville, 1884. In-8°.

Gourmont (Rémy de). — En ballon. Paris, [1884]. In-16.

Graffigny (Henri de). — Les ballons et l'aérostation française. Limoges, [1888]. In-8°.
— La navigation aérienne et les ballons dirigeables. Paris, 1888. In-16.
— Récits d'un aéronaute. Histoire de l'aérostation. Paris, 1885. In-8°.

Greil (G.). — Description d'un navire aérien, pour la solution du problème de la navigation aérienne. Constantine, 1885. In-8°.

Grillcau (B. de). — Les aérostats dirigeables. Le ballon de Meudon. Paris, 1884. In-18.

Janvier (A.). — Les premiers essais d'aérostation en Picardie. Amiens, 1883. In-12.

Lacaille. — Navigation aérienne. Chaumont, 1885. Grand in-8°.

Lachambre (A. et H.). — Les ballons captifs, leur emploi au point de vue stratégique. Paris, 1888. In-8°.

La Landelle (G. de). — Dans les airs, histoire élémentaire de l'aéronautique. Paris, 1884. In-18.

Louvet (Léon). — Les ballons, conférence faite à Rouen. Rouen, 1886. In-8°.

Moedebeck (H.). — Handbuch der Luftschiffahrt... Leipzig, 1886. In-8°. (Manuel de navigation aérienne, particulièrement au point de vue militaire).

Nadar. — Les ballons en 1870. Paris, 1870. In-18.

Navires aériens, solution du problème. Saint-Étienne, s. d. In-4°.

Nomenclature de l'aérostation militaire. Paris, 1887. In-folio.

Perron (L.). — De la giration des ballons libres. Nevers, 1883. Grand in-8°.

Pompéien-Piraud (J.-C.). — Causerie sur la navigation aérienne. Torpilleur aérien. Lyon, 1886. In-8°.

—   Navigation aérienne. Aéronef à ailes artificielles articulées. Lyon , 1886. In-8°.

—   Notes sur le ballon et l'appareil de direction et d'aviation inventé et construit par J.-C. Pompéien-Piraud. Lyon , 1883. In-8°.

Renard (Commandant Ch.). — Conférence sur la navigation aérienne. Paris , 1886. In-8°.

Robichon (Alfred). — Le ballon dirigeable. Paris, 1883. In-16.

Tissandier (Gaston). — Application de l'électricité à la navigation aérienne. Paris, 1884. In-4°.

—   Les ballons dirigeables. Application de l'électricité à la navigation aérienne. Paris , 1885. In-12.

—   Conférence sur la navigation aérienne. Lille, [1886]. In-8°.

—   Deux conférences sur les aérostats : 1° La météorologie en ballon ; 2° la direction des aérostats. Paris, [1884]. In-18.

—   Histoire des ballons et des aéronautes célèbres. Paris , 1887. Grand in - 8°.

—   La photographie en ballon. Paris , 1886. In-16.

—   Le problème de la direction des aérostats. Paris , 1883. In-8°.

—   Voyages dans les airs. Paris, 1885. In-8°.

Turgan (Julien). Histoire de la locomotion aérienne. Paris, 1851. In-12.

Variétés. — Navigation aérienne , par M***, du Lyon républicain. Lyon, 1885. In - 8°.

Il est inutile d'insérer dans le répertoire alphabétique par noms de sujets les articles qui feraient double emploi avec certains articles du catalogue par noms d'auteurs et par premiers mots de titres. Il est bien entendu qu'on n'y fera pas figurer au nom d'un auteur l'indication des ouvrages de cet auteur et qu'on n'y répétera pas les articles collectifs du catalogue alphabétique consacrés à certains groupes de livres. Ainsi, au mot VOLTAIRE, le répertoire enregistrera toutes les publications relatives à Voltaire ; mais ce sera dans le catalogue alphabétique qu'on devra chercher la liste des éditions des divers ouvrages de Voltaire. Le répertoire ne donnera pas au mot MISSEL la liste des missels possédés par la bibliothèque ; on y trouvera seulement un renvoi à l'article MISSEL du catalogue alphabétique, qui contient, sous cette rubrique, l'indication de tous les missels.

La nature de certains ouvrages dispense de les faire figurer au répertoire alphabétique par noms de sujets. Tels sont notamment ceux que les éditeurs ont formés en réunissant les œuvres complètes ou choisies de divers auteurs. Il serait ridicule d'avoir sous la rubrique ŒUVRES , l'indication des *Œuvres de Bossuet*, des *Œuvres de Leibniz*, des *Œuvres de J. J. Rousseau*, etc.

Quand un ouvrage a eu beaucoup d'éditions, il est inutile d'en donner le détail dans le répertoire. Ainsi, aux articles HENRI IV et LOUIS XIV, on pourra se borner à mettre :

HENRI IV. *Voltaire*. La Henriade. Pour le détail des éditions, voy. le catalogue alphabétique, au mot VOLTAIRE.

LOUIS XIV. *Voltaire*. Siècle de Louis XIV. Pour le détail des éditions, voy. le catalogue alphabétique, au mot VOLTAIRE.

Un perfectionnement, que le répertoire pourra recevoir après coup, consistera en rubriques générales fournissant des renvois aux rubriques particulières qui se rapportent à un ensemble de matières homogènes. Par exemple, du mot LITURGIE on pourra renvoyer aux mots *Bréviaires*, *Heures*, *Missels*.... pour établir la série complète des livres liturgiques que possède la bibliothèque. De même, sous la rubrique HYGIÈNE, on trouverait, après l'indication des ouvrages relatifs à l'hygiène en général, un renvoi aux rubriques particulières sous lesquelles sont rangés les traités ou documents auxquels ont donné lieu beaucoup de questions spéciales se rattachant plus ou moins intimement à l'hygiène.

XX. REGISTRE D'ENTRÉE.

Dans les chapitres précédents il a été à peu près exclusivement question des catalogues à l'aide desquels peuvent être cherchés et trouvés les livres que le public désire consulter. Il reste à parler de registres administratifs, dont la tenue régulière assure l'ordre dans une bibliothèque : le registre d'entrée, celui de la reliure et celui du prêt.

Le bibliothécaire doit apporter tous ses soins à la tenue du registre où seront portés, jour par jour, les livres ou parties de livres qui arrivent dans le dépôt, soit par voie d'acquisition, soit par suite de dons. Dans les grandes bibliothèques, il peut être utile d'avoir deux registres d'entrée, l'un pour les livres achetés, l'autre pour les livres donnés ; mais le plus ordinairement, il suffira d'ouvrir, pour tout ce qui arrivera dans la bibliothèque, un registre unique disposé à peu près comme le tableau ci-contre.

Quand un volume arrive à la bibliothèque, il est bon d'en vérifier l'état, c'est-à-dire de s'assurer si, par suite d'une erreur de brochage, il n'y a pas de feuilles doubles ou absentes.

Les imperfections de ce genre sont d'ordinaire assez faciles à réparer quand elles sont signalées en temps opportun soit aux libraires, soit aux

N° d'ordre.	DATE.	TITRE DU LIVRE.	ORIGINE NOM DU VENDEUR OU DU DONATEUR.	PRIX.
167	1888. 1er janv.	Suger, éd. Molinier. Paris, 1887, in-8°......	Picard, libraire...	4 fr.
168	—	Cartulaire de la Charité, éd. René de Lespinasse. Nevers, 1887, in-8°...............	Picard, libraire...	6
169	— 9 janv.	Godefroy. Dictionnaire de l'ancienne langue française, livraisons 50-54............	Don du Ministère de l'instr. publ.	»
170	— 15 janv.	Hoefer. Hist. de la physique. In-16.........	Hachette.........	4
171	—	— Hist. des mathématiques. In-16.....	Hachette.........	4
172	—	Saglio. Dictionnaire des antiquités, fasc. 11.	Hachette.........	5
173	— 15 févr.	Bibliothèque histor. de la France, éd. Fontette. 5 vol. in-fol..................	Champion........	120
174	— 20 févr.	Chassaing. Spicilegium Brivatense. Paris, 1886, in-4°..................	Don de l'auteur...	»
175	— 1er mars.	Davanne. Les progrès de la photographie. Paris, 1877, in-8°..................	Gauthier-Villars..	6 50
176	—	Davanne. La photographie appliquée aux sciences. Paris, 1881, in-8°.............	Gauthier-Villars..	1 25
177	— 9 mars.	Notices et extraits des manuscrits, t. XXXI, part. II. Paris, 1886, in-4°.............	Don de l'Académie des inscriptions.	»

personnes par l'intermédiaire desquelles sont arrivés les exemplaires défectueux. La collation se fera plus rapidement s'il y est procédé avant que les feuillets du livre aient été coupés.

La collation faite, il faudra couper ou faire couper les feuillets. C'est le seul moyen de prévenir des accidents qui se produisent infailliblement si on livre aux lecteurs des volumes dont les feuillets n'ont pas été coupés.

Quand un volume a été collationné, que les feuillets en ont été coupés et qu'il a été inscrit au registre d'entrée, il faut marquer sur le volume lui-même le numéro sous lequel il a été porté au registre. Cette précaution permettra de toujours trouver sans le moindre tâtonnement à quelle époque et comment un livre est arrivé à la bibliothèque. Ainsi, en voyant le n° 167 inscrit dans la partie inférieure du titre ou du faux-titre de l'édition de Suger, publiée par M. Molinier, il suffira de se reporter à l'article 167 du registre d'entrée pour constater que le livre a été acquis d'un libraire, en 1888, au prix de 4 francs.

Aussitôt qu'un volume est porté au registre d'entrée, il doit recevoir la cote sous laquelle il sera conservé. Il ne sera point mis en place sur les rayons sans que le titre en ait été inséré dans l'inventaire et dans les catalogues.

Quand la bibliothèque se procure la tête ou une série d'un recueil périodique (1), ou bien quand elle y prend un abonnement ou qu'elle est portée sur la liste des abonnés gratuits, le fait doit être consigné au registre d'entrée. Par exemple :

| 225 | 1889. | 10 janvier .. | Revue archéologique. 3e série, t. I - XII. In-8°.............. | Don de M.*** | |
| 226 | — | — | Revue archéologique. Abonnement à l'année 1889......... | Ern. Leroux. | 30 fr. |

Après avoir inscrit au registre d'entrée le commencement d'un recueil périodique ou d'un ouvrage paraissant par livraisons à intervalles réguliers ou rapprochés, on peut se dispenser d'y faire figurer l'arrivée successive des livraisons suivantes. Mais, pour chacune des publications de cette nature, il est bon d'avoir une fiche, en carte ou en papier fort, sur laquelle on prend note de l'arrivée de chaque partie de la publication. Ainsi, la *Bibliothèque de l'École des chartes* et l'*Histoire de l'art pendant la Renaissance* seraient l'objet de fiches ainsi disposées :

BIBLIOTHÈQUE DE L'ÉCOLE DES CHARTES

Année 1887. 1, 2 - 3, 4, 5, 6.

Année 1888. 1, 2 - 3, 4 - 5, 6.

Année 1889. 1 - 2, 3.

MUNTZ. — HISTOIRE DE L'ART PENDANT LA RENAISSANCE.

Tome I. Livraisons 1, 2, 3, 4 - 6, 7, 8, 9 - 15, 16, 17, 18 - 25, 26 - 33, 34 - 37, 38 - 44, 45, 46.

Les numéros des différentes livraisons auraient été successivement inscrits sur les fiches au moment de l'arrivée des livraisons.

Des fiches du même genre doivent être consacrées aux collections, et notamment aux recueils de Sociétés savantes ; mais les indications à y porter ne doivent pas être aussi sommaires que celles des modèles précédents. Il importe de noter exactement la date de l'arrivée de chaque volume et d'indiquer, pour certaines Sociétés de publication, la correspondance entre les volumes reçus et les cotisations acquittées.

---

(1) On doit assimiler aux recueils périodiques et traiter comme tels les ouvrages de plus ou moins longue haleine que les éditeurs font paraître par livraisons mensuelles ou hebdomadaires.

SOCIÉTÉ DE L'HISTOIRE DE FRANCE.

222. Journal de Nic. de Baye, t. I	1er octobre 1885.	Exercice 1885.
223. Lettres de Louis XI, t. II	—	
224. Rigord, t. I	25 avril 1886.	
225. Auteurs grecs, t. V	—	
226. Annuaire Bulletin, 1885	»(1)	
227. Établissements de saint Louis, t. IV	25 avril 1886.	Exercice 1886.
228. Règle du Temple	—	
229. Hist. d'A. d'Aubigné, t. I	12 février 1887.	
230. Table de l'Annuaire Bulletin	—	
231. Annuaire Bulletin, 1886	»	Exercice 1887.
232. Mémoires de Villars, t. II	12 février 1887.	
233. Le Jouvencel, t. I	—	

SOCIÉTÉ DE L'HISTOIRE DE FRANCE (ANNUAIRE BULLETIN DE LA).

1885. Feuilles 1 - 4, 5 - 10, 11, 12, 13, 14, 15, 16.

1886. Feuilles 1 - 5, 6 - 8, 9, 10, 11, 12 - 17.

1887. Feuilles 1 - 4, 5.

Il est encore bon , dans les bibliothèques d'une certaine importance, d'avoir des fiches au nom des établissements, tels que le Ministère de l'instruction publique, la Direction des beaux-arts, l'Institut, etc., qui font habituellement des concessions de livres à ces bibliothèques. On y mentionnera , au fur et à mesure des réceptions, les volumes ou parties de volumes qui viennent de chacun de ces établissements. C'est le meilleur moyen de voir si les volumes auxquels on a droit sont exactement retirés. A cette occasion , nous conseillerons aux bibliothécaires de charger un correspondant parisien d'aller périodiquement (tous les six mois ou au moins tous les ans) dans les bureaux des administrations pour y prendre livraison des volumes destinés à la bibliothèque dont le correspondant est le mandataire.

XXI. Registre de la reliure.

Les écritures auxquelles donnent lieu les travaux de reliure se réduisent à peu près à la tenue d'un registre qui peut être disposé comme il suit :

---

(1) L'*Annuaire bulletin* paraissant par livraisons est l'objet d'une fiche spéciale qui est donnée ci-dessous comme modèle.

N° d'ordre.	NOM du RELIEUR.	TITRE DU LIVRE.	FORMAT	NOMBRE des VOLUMES.	NATURE du TRAVAIL.	PRIX.	DATE de la SORTIE.	DATE de la RENTRÉE.
68	M. M***	Prud'homme. Histoire de Grenoble....	8°.	1	d. r. m. r[1].	4 fr.	5 mars 1889.	1 ' mai
69	—	Journal des Savants. 1885-1888.........	4°.	4	d. r. v. f.	20 »	—	—
		— (1884 donné comme modèle).....	4°.	1			—	—
70	—	Valois. Notitia Galliarum.............	fol.	1	réparation.	1 »	—	20 mars
71	—	Revue critique, 1888.................	8°.	2	cartonnage.	1 50	—	1er avril
72	—	Hauréau. Les œuvres de Hugues de S. Victor. 1886..................	8°.	1	d. r parch.	1 25	—	1er mai.

(1) Il serait superflu d'expliquer ici les abréviations les plus ordinairement employées pour désigner les divers genres de reliure, telles que d. r. m. r. = demi-reliure en maroquin rouge ; — v. f. = veau fauve.

Avant de livrer des volumes au relieur, il est bon de fixer avec lui le prix du travail. Il faut lui donner, dans une note très nettement écrite, le libellé des titres qu'il devra dorer ou imprimer sur les dos.

Les volumes rendus par le relieur doivent être exactement vérifiés. Il faut s'assurer si le travail a été solidement exécuté, si l'ordre des feuilles n'a pas été interverti et si les titres des dos sont bien corrects.

Pendant qu'un volume sera dans l'atelier du relieur, il sera remplacé sur les rayons par une fiche ou un carton qui expliquera la cause de l'absence. Par exemple, la *Notitia Galliarum* de Valois, donnée au relieur le 5 mars 1889, sera représentée par une fiche ou carton portant :

Qa. 340. Valois. Not. Gall.
A la reliure, 5 mars 1889.

ou simplement

Qa. 340. Reliure, nº 70.

A la rentrée du volume, il faut avoir soin d'enlever le carton ou la fiche qui le représentait sur les rayons, et d'inscrire la date de la rentrée dans la dernière colonne du registre de la reliure.

XXII. Registre du prêt.

Il n'y a pas lieu de parler ici des conditions dans lesquelles le prêt à l'extérieur peut être autorisé.

Chaque bibliothèque a ses règlements à l'esprit et au texte desquels le bibliothécaire doit se conformer, en s'efforçant de concilier la plus grande libéralité avec la nécessité de ne jamais compromettre la conservation des livres et de ne pas entraver les recherches des lecteurs qui fréquentent la salle de travail. Ce qu'il importe de rappeler ici, ce sont les précautions à prendre pour que le prêt n'entraîne pas des abus qui compromettraient la conservation des livres et le bon ordre des collections.

Tout prêt doit être inscrit sur un registre. La durée du prêt doit toujours être déterminée ; les délais ne devraient pas dépasser trois mois, sauf, dans certains cas, la faculté laissée à l'emprunteur de demander la prolongation du prêt. Le bibliothécaire ne doit jamais laisser un livre sorti de la bibliothèque pendant plus d'un an.

Le modèle suivant donnera une idée de la façon dont peut être tenu le registre de prêt, qui doit avoir la forme d'un journal :

N° d'ordre.	DATE du PRÊT.	NOM de L'EMPRUNTEUR.	TITRE de L'OUVRAGE PRÊTÉ.	SIGNATURE de L'EMPRUNTEUR.	TERME fixé pour la RESTITUTION.	DATE de la RESTITUTION.
225	1888. 1 juin	M. Albert A	Boutaric. La France sous Phil. le Bel. 1861. In-8°	. . . .	15 juil. 1887	20 juil. 1887.
226	— 2 juin	M. Ed. de M.	Arbogast. Calcul des dérivations. 1800. In-4°	. . . .	1er août —	8 août —
227	— 4 juin	M. Paul B.	La Bruyère, éd. Servois, t. I. 8°	. . . .	20 juin —	18 juin —
228	—	M. A. Le G.	Revue des deux mondes. 1er juin 1888. . .	. . . .	15 juin —	15 juin —
229	— 7 juin	M. Louis C.	Ovidii opera, éd. Nisard. 8°	. . . .	1er sept. —	25 août —
230	— 10 juin	M. Jules T.	Duchesne. Histor. Norm. Scriptores. Folio	. . . .	10 sept. — prorogé au 1er déc. 1887	20 nov. —
231	— 12 juin	M. Albert A	De Guilhermy. Itinéraire archéol. de Paris. 1855. In-12	. . . .	15 juil. —	20 juil. —

Aussitôt qu'un volume prêté est rendu, il faut inscrire la date de la restitution dans la dernière colonne du journal et passer un trait sur l'article relatif au prêt de ce volume.

Concurremment avec le journal, il faut tenir un répertoire qui renseigne exactement sur la situation de chaque emprunteur. A cet effet, on aura sur fiches les noms des personnes autorisées à emprunter, et chaque fois que l'une d'elles se fera prêter un ou plusieurs volumes, on inscrira sur la fiche qui la concerne le n° du journal relatif au prêt. Ainsi la fiche de M. ALBERT A...... porterait les n°ˢ 225 et 231. Cela suffirait pour constater la date et la nature des emprunts faits par M. Albert A.... Quand les volumes ont été rendus, il faut biffer sur la fiche les numéros de renvoi aux articles du journal constatant le prêt de ces volumes.

Pendant que, par suite d'un prêt, un volume est sorti de la bibliothèque, il doit être représenté sur les rayons par un carton ou par une fiche qui indique la cause de l'absence du volume. Étant donné le prêt du recueil de Duchesne enregistré au journal sous le n° 230 à la date du 10 juin 1888, le bibliothécaire mettra à la place du volume prêté une fiche ou un carton portant ces mots :

> Qe. 112. Hist. Normann. scriptores, ed. Duchesne.
> Prêté à M. Jules T......, 10 juin 1888, n° 230.

ou tout simplement :

> Qe. 112. Prêté, n° 230.

On aura soin de retirer ce carton ou cette fiche le jour où le volume, rendu par l'emprunteur, reprendra sa place sur les rayons.

XXIII. RÉCOLEMENTS.

Pour vérifier l'état d'une bibliothèque, il faut, de temps à autre, procéder à des récolements, c'est-à-dire, s'assurer de la présence de tous les volumes portés à l'inventaire et constater que chacun d'eux occupe bien sur les rayons la place qui correspond à sa cote. Rien n'est plus aisé que cette opération, quand on a un système de cotes simples et régulières, et que l'inventaire est disposé suivant l'ordre même du placement des volumes.

Pour que le récolement donne des résultats rigoureusement exacts, il faudra marquer d'un signe conventionnel tous les articles de l'inventaire correspondant aux ouvrages ou opuscules dont on aura constaté la présence et le placement régulier.

Quand la revue de la bibliothèque aura été terminée et qu'on aura remis à leur véritable place les volumes trouvés hors de leur rang, il y aura lieu de faire une enquête sérieuse sur le sort des livres dont la notice n'aura pas été marquée du signe conventionnel. Si la recherche demeure infructueuse, le déficit sera noté sur l'inventaire, avec la date de la constatation et le paraphe du bibliothécaire.

Au cours du récolement on régularisera la condition des volumes qu'on rencontrera dépourvus de cotes et omis à l'inventaire.

APPENDICE I. — MODÈLE D'INVENTAIRE POUR UNE BIBLIOTHÈQUE SOUMISE A UN NOUVEAU RANGEMENT.

A. *Théologie*.

1-10. Atlas.

. . . .

11-200. In-folio.

A. 11. *Agenda* ecclesiæ Moguntinensis. Moguntiæ, 1551. In-fol.

12-25. *Augustin* (S.). — S. Aurelii Augustini opera. Par., 1670-1690. 10 tomes in-fol. reliés en 14 vol.

26. — S. Aurelii Augustini vita, necnon indices. Par., 1700. In-fol.

27. — S. Augustin, de la Cité de Dieu, trad. par le sieur de Ceriziers. Par., 1655. In-fol.

28-31. *Bède*. — Venerabilis Bedæ opera. Coloniæ, 1612. 8 vol. in-fol. reliés en 4.

32-37. *Bible*. — Biblia polyglotta, ed. Brianus Waltonus. Lond., 1657. 6 vol. in-fol.

38-40. — Bibliorum sacrorum latinæ versiones antiquæ, studio Petri Sabatier. Remis, 1743. 3 vol. in-fol.

41. — Biblia vulgatæ editionis, a Sixto V recognita. Romæ, 1590. In-fol.

42. — Biblia latina, Clementis VIII auctoritate recognita. Romæ, 1592. In-fol.

43. — La Bible nouvellement translatée, par Seb. Chateillon. Bâle, 1555. In-fol.

44. *Bona*. — Rerum liturgicarum libri duo, auctore Jo. Bona. Romæ, 1671. In-fol.

45. *Booke* (The) of the common prayer. Lond., 1549. In-fol.

46. *Calvin*. — Joannis Calvini tractatus theologici. In bibliopolio Commel. 1611. In-fol.

47. — Institution de la religion chrestienne, par Jean Calvin. Genève, 1566. In-fol.

48-84. *Conciliorum* omnium generalium et provincialium collectio regia. Par., 1644. 37 vol. in-fol.

85. *Ephrem* (S.). — Sancti patris Ephræm Syri opera omnia. Antverpiæ, 1619. In-fol.

86. *Jean Chrysostome* (S.). — S. patris nostri Joannis Chrys. homiliæ LXXII. Ed. Fronto Ducæus. Par., 1609. In-fol.

87. *Liturgiæ.* — Λειτουργιαι των αγιων πατερων. Par., 1560. In-fol.

88. *Missale* ecclesiæ Parisiensis. Par., 1585. In-fol.

89. *Missale* Romanum. Venetiis, 1582. In-fol.

90. *Novum Testamentum*, ab Erasmo Roterodamo recognitum. Basileæ, 1519. In-fol.

91. — Jesu Christi Domini Novum Testamentum, cum interpret. Theodori Bezæ. Cantabrigiæ, 1642. In-fol.

92. *Pontifical* d'Amiens, publié par Victor de Beauvillé et Hector Josse. Amiens, 1885. Grand in-4°.

93. *Sguropulus* (Sylv.). Concilii Florentini exactissima narratio; transtulit Robertus Creyghton. Hagæ Comitis, 1660. In-fol.

201-500. In-quarto.

. . . .

501-.... In-octavo et formats inférieurs.

. . . .

A. 617. *Concordantiæ* (Sacrorum Bibliorum), a Franc. Luca. Col., 1684. In-8°.

K. *Langues et littératures classiques (Grèce et Rome.)*

1-20. Atlas.

. . . .

21-150. In-folio.

. . . .

151-400. In-quarto.

. . . .

K. 346. *Scapula* (Jo.). Lexicon græco-latinum. Genevæ, 1616. In-4°. — Deux exemplaires doubles.

Qa. *Généralités de l'histoire de France.*

1-30. Atlas.

. . . .

31-400. In-folio.

....

Q a. 340. *Valois*(Adrien de). Notitia Galliarum. Par., 1675. In-fol.

401-1000. In-quarto.

....

1001-...... In-octavo et formats inférieurs.

....

Q e. *Histoire provinciale et locale de la France.*

1-25. Atlas.

....

26-170. In-folio.

Q e. 26-95. — (Ouvrages divers, in-folio, relatifs à l'histoire des provinces ou
des localités de la France, rangés suivant l'ordre alphabétique des noms de
provinces ou de localités. Série arrêtée au moment où les livres de la bibliothèque ont été rangés et numérotés).

62. *Normandie.* — Historiæ Normannorum scriptores ; ed. A. Duchesnius. Paris,
1619. In-fol.

....

96-169. (Supplément à cette série. Les ouvrages y sont enregistrés suivant l'ordre
d'arrivée).

96. *Sens.* — Recherches sur la ville de Sens, par Tarbé. 2ᵉ édition. Paris, 1888.
In-fol.

....

171-300. In-quarto.

Q e. 171. *Alger.* — Narrative of a residence in Algiers, by Pinanti. London,
1818. In-4°.

172. *Autun.* — Recherches et mémoires servant à l'histoire d'Autun, par
J. Munier. Dijon, 1660. In-4°.

173-176. *Auxerre.* — Mémoires concernant l'hist. d'Auxerre, par l'abbé
Lebeuf, continués par Challe et Quantin. Auxerre, 1848-1854. 4 vol. gr. in-8°.

177. *Bourgogne.* — De antiquo statu Burgundiæ liber per G. Paradinum. Lugduni, 1542. In-4°.

177 *bis. Bourgogne.*—Hist. des roys, ducs et comtes de Bourgongue et d'Arles, par
André Du Chesne. Paris, 1619. In-4°.

178-181. *Bretagne.* — Dictionnaire histor. et géogr. de la province de Bretagne, par M. Ogée. Nantes, 1778-1780. 4 vol. in-4°.

182. *Carcassonne.* — Hist. ecclésiastique et civile de la ville et diocèse de Carcassonne, par le R. P. Bouges. Paris, 1741. In-4°.

183. *Corse.* — Journal of a tour to Corsica, by the Rev. A. Burnaby. London, 1804. In-4°.

184. *Gatinais.* — Hist. générale des pays de Gastinois... par G. Morin. Paris, 1630. In-4°.

185. *Languedoc.* — Armorial des États de Languedoc, par Jac. Beaudeau. Montpellier, 1686. In-4°.

186. *Marseille.* — Historia reipublicæ Massiliensium, scripsit Henr. Ternaux. Gottingæ, 1826. In-4°.

187-189. *Noyon.* — Annales de l'église de Noyon, par Jac. Le Vasseur. Paris, 1633-1634. Deux vol. reliés en 3.

190. *Rhin (Bas).* — Procès-verbal des séances du Conseil général du Bas-Rhin. Année 1791. In-4°.

191. *Rouen.* — Nouveau pouillé des bénéfices du dioc. de Rouen. Paris, 1704. In-4°.

192. *Soissons.* — Hist. de l'abbaye royale de N. D. de Soissons, par Michel Germain. Paris, 1675. In-4°.

193-195. *Valois.* — Hist. du duché de Valois, [par Carlier]. Paris, 1764. 3 vol. in-4°.

196. *Vaucluse.* — Mémoire statistique sur le département de Vaucluse, par Maxime Pazzis. Carpentras, 1808. In-4°.

197. *Verdun.* — Hist. ecclésiastique et civile de Verdun [par Roussel]. Paris, 1745. In-4°.

198. *Vienne.* — Hist. de la sainte église de Vienne, par Charvet. Lyon, 1761. In-4°.

> N.-B. Ici s'arrête la série in-4° des livres relatifs à l'histoire provinciale ou locale de la France que la bibliothèque possédait, quand le classement et le numérotage des collections ont été arrêtés. Les n°ˢ suivants sont affectés aux ouvrages qui viennent successivement se placer dans cette série.

199. *Saint-Quentin.* — Le Livre rouge de Saint-Quentin, publ. par Bouchot et Lemaire. Saint-Quentin, 1881. In-4°.

200. *Belfort.* — Documents et mémoire pour servir à l'histoire du territoire de Belfort, par Léon Viellard. Besançon, 1884. Grand in-8°.

201. *Forez.* — Cartul. des francs fiefs du Forez, publ. par le comte de Charpin-Feugerolles. Lyon, 1882. In-4°.

202. *Paris.* — Chartul. universitatis Parisiensis, ed. H. Denifle. T. I. Par. 1889. In-4°.

301-.... In-octavo et formats inférieurs.

Q e. 301-1231. (Ouvrages divers, in-octavo, relatifs à l'histoire des provinces ou des localités de la France, rangés suivant l'ordre alphabétique des noms de provinces ou de localités. Série arrêtée au moment où les livres de la bibliothèque ont été rangés et numérotés.)

912. *Paris*. — Itinéraire archéologique de Paris, par F. de Guilhermy. Paris, 1855. In-12.

. . . .

1232-. . . . . . (Supplément à cette série. Les ouvrages y sont enregistrés suivant l'ordre d'arrivée.)

1232. *Autun* et ses monuments, par Harold de Fontenay. Autun, 1889. In-16. [Les n°s 2001 et suiv. sont réservés pour les brochures relatives à l'histoire provinciale et locale dont la bibliothèque s'accroîtra successivement.]

2001. *Paris*. — Note sur un cimetière mérovingien découvert à Paris, par Robert de Lasteyrie. Paris, 1876. In-8°.

2002. *Brive*. — Notice sur une inscription découverte à Brive, par R. de Lasteyrie. Brive, 1879. In-8°.

2003. *Bigorre*. — Procès pour la possession du comté de Bigorre, par L. Merlet. Paris, 1857. In-8°.

2004. *Saint-Claude*. — La bibliothèque de l'abbaye de S. Claude du Jura, par A. Castan. Besançon, 1889. In-8".

2005. *Corbigny*. — Chartes de l'abbaye de Corbigny, publ. par A. de Charmasse. Autun, 1889. In-8°.

2006. *Arles*. — Antiquités de la ville d'Arles, par Rabatu, publ. par J. de Laurière. Tours, 1876. In-8°.

2007. *Vienne (Haute-)*. — Monuments historiques de la Haute-Vienne, par Louis Guibert. Limoges, 1889. In-8°.

2008. *Tours*. Notes sur le cimetière des juifs à Tours, par Louis de Grandmaison. Paris, 1889. In-8°.

2009. *Canteleu*. — Le château de Canteleu près Rouen, par Gust. A. Prévost. Caen, 1889. In-8°.

2010. *Troyes*. — Le service du ban dans le bailliage de Troyes, par Alph. Roserot. Troyes, 1889. In-8°.

2011. *Marne*. — Les monuments historiques du dép. de la Marne, par Éd. de Barthélemy. Châlons, 1889. In-8°.

2012. *Sézanne*. — La ville de Sézanne et l'abbaye du Reclus, par Ed. de Barthélemy. Troyes, 1879. In-8°.

2013. *Avignon*. — L'atelier monétaire d'Avignon en 1589, par Roger Vallentin. Avignon, 1889. In-8°.

U. *Bibliographie et Histoire littéraire*.

1-100. In-folio.

. . . .

101-600. In-quarto.

. . . .

375. [*Tassin* (dom).] Histoire de la congrég. de S.-Maur. Paris, 1770. In-4°.

....

601-.... In-octavo et formats inférieurs.

....

V. *Mélanges encyclopédiques et autres. — Collections. — Polygraphie.*

1-10. Atlas.

....

11-300. In-folio.

V. 11-13. *Achery* (Luc d'). Spicilegium. Par., 1723. 3 vol. in-fol.

....

301-1000. In-quarto.

....

1001-...... In-octavo et formats inférieurs.

V. 1050-1056. *Bastard* (Léon de). — Opuscules. In-8°.
  1050. — Recherches sur l'insurrection comm. de Vézelay. Paris, 1851.
  1051. — Recherches biogr. sur Jean de Ferrières. Auxerre, 1855.
  1052. — Correspondance de Charles IX et de Catherine de Médicis avec Gaspard de Tavannes. Auxerre, 1857.
  1053. — Fragment de l'histoire de Maligny. Auxerre, 1857.
  1054. — Lettres de l'abbé Lebeuf. Auxerre, 1857.
  1055. — Lettres de l'abbé Lebeuf. Auxerre, 1859.
  1056. — Le duc de Guise dans l'Auxerrois. Auxerre, 1859.

Réserve (1).

1-10. Atlas.

4. Fêtes données par la ville de Paris en 1755. Grand in-fol. Mar. rouge.

11-150. In-folio.

41, 42. *Corneille* (P.). Le Théâtre. Rouen et Paris, 1664. 2 vol. in-fol.
64. *Léon* (Saint.). Leonis Magni, Maximi, et Petri Chrysologi opera. Par., 1614. In-fol. Ex. de J.-A. de Thou.

---

(1) Nous supposons une Réserve composée d'un millier de volumes. Les n°ˢ 1-10 seraient affectés aux volumes de très grand format, les n°ˢ 11-150 aux in-folio, les n°ˢ 151-400 aux in-quarto et les n°ˢ 401-... aux volumes de petit format. Nous avons pris nos exemples çà et là, dans la série des n°ˢ consacrée à chaque format.

78, 79. *Ménage*. Dictionn. étymol. de la langue françoise. Par., 1750. 2 vol. in-fol. Mar. rouge.

87. *Montaigne*. Les Essais. Paris, 1595. In-fol.

105. *Pétrarque*. Les Triumphes, en françois. Paris, 1520. In-fol.

151-400. In-quarto.

181. *Bossuet*. Oraison de Marie-Thérèse d'Autriche, reine de France. Paris, 1683. In-4°.

210. *Du Fouilloux*. (Jac.), etc. La vénerie. Paris, 1585. In-4°.

223, 224. *Élien*. De natura animalium. Lond., 1744. 2 vol. in-4°. Grand pap.

306. *Pascal* (Blaise). Les Provinciales. Cologne, 1657. In-4°.

353-355. *Rabelais* (François). Œuvres, éd. Le Duchat. Amst., 1741. 3 vol. in-4°.

381. *Tassin* (dom). Histoire littéraire de la congrégation de Saint-Maur. Paris, 1770. In-4°. Ex. non cartonné.

401-.... In-octavo et formats inférieurs.

433. *Bible*. Biblia, studio Rob. Stephani. Genevæ, 1555. In-8°. Rel. à compartiments.

436. — Biblia sacra Sixti V. Colon., 1630. In-8° Mar. rouge.

495. *Breviarium* monasticum congreg. Casalis Benedicti. Par., 1586. In-8°. Goth.

537. *Chartier* (Alain). Œuvres. Paris, 1529 In-8°.

552. *Concordantiæ* sacrorum Bibliorum. Col., 1684. In-8°. Mar. rouge, aux armes de Colbert.

603. *Heures* à l'usage d'Amyens. Par., J. Amazeur, vers 1555. In-8°. Sur vélin.

605. *Heures* à l'usage de Paris. Par., la veuve de Th. Kerver, 1525. In-8°. Sur vélin.

641. *Imitation* (L') de J.-C., traduite en vers par P. Corneille. Rouen et Paris, 1651. In-12. Mar. rouge.

678, 679. *La Fontaine*. Contes et nouvelles. Amsterdam. 1762. 2 vol. in-8°. Figures. Mar. rouge.

690. *La Fresnaye-Vauquelin*. Diverses poésies. Caen, 1612. In-8°. Mar. rouge.

732-738. *Molière*. Œuvres. Paris. 1674-1675. 7 vol. in-12.

755. *Montaigne*. Essais. Bordeaux, 1580. In-8°.

803. *Pascal*. Pensées sur la religion. Paris, 1670. In-12.

827. *Pastissier* (Le) françois. Amsterdam, 1655. In-12.

842. *Pathelin* (Maistre Pierre). Rouen, s. d. In-16.

APPENDICE II. — MODÈLE D'INVENTAIRE POUR UNE BIBLIOTHÈQUE DONT L'ANCIEN NUMÉROTAGE A ÉTÉ CONSERVÉ.

N°° d'Inventaire.	N°° de l'ancien catalogue.	In-folio.
1 — 6.	A. 1.	Biblia sacra hebraice, etc. (Polyglotte de Ximenès). Compluti, 1515. 6 vol. in-fol.
7 — 16.	A. 2.	Biblia hebraica, etc. (Polyglotte de Le Jay.) Par. 1645. 10 vol. in-fol.
17.	A. 4bis.	Novum Testamentum græce. Par., 1642. In-folio.
18 — 20.	A. 5.	Biblia sacra, græce ex versione LXX interpretum, latine duplicis versionis, germanice ex versione M. Lutheri. Hamburgi, 1596. 3 vol. in-folio.
21.	A. 6.	Biblia latina. Lugd., 1546. In-folio.
22.	A. 8.	Biblia latina, ex edit. theologorum Lovaniensium. Antuerp., 1583. In-folio.
23.	A. 8ter.	Biblia sacra vulgatæ editionis. Par., 1662. In-folio.
24.	A. 10	La Bible translatée par Rob. Olivetanus. Neufchastel, 1535. In-folio.
25.	A. 12.	Concordantiæ Bibliorum a Petro de Besse. Par., 1611. In-folio.
26 — 39.	A. 13.	Critici sacri. Lond., 1660. 14 vol. in-folio.
40.	A. 17.	Joannis Maldonati commentarii in IV evangelistas. Mussiponti, 1596. In-folio.
. . . .	. . . .	. . . .
		In-quarto.
501.	A. 3.	Biblia hebraica cum punctis. Basileæ, 1536. In-4°.
502.	A. 5bis.	Biblia latina ex translatione Sanctis Pagnini. Lugd., 1527. In-4°.
503.	A. 8bis.	Biblia sacra vulgatæ editionis. Par., 1653. In-4°.
504.	A. 14.	Histoire critique du Vieux Testament, par le P. Richard Simon. Par., 1678. In-4°.
505.	A. 14bis.	Même ouvrage. Rotterdam, 1680. In-4°.
506.	A. 15.	Cornelii Jansenii Pentateuchus. Lovanii, 1641. In-4°.
. . . .	. . . .	. . . .
		In-octavo.
1001 — 1004	A. 4.	Novum Testamentum græce. Par., 1534. 4 vol. in-8°.
1005 — 1009	A. 7.	Biblia latina. Antuerp., 1534. 5 vol. in-16.
1010.	A. 9.	Psalmi Davidis vulgatæ edit. Par., 1582. In 8°.
1011.	A. 11.	L'Apocalypse avec une explication par Jac.-Ben. Bossuet. Par., 1689. In-8°.
1012 — 1015	A. 16.	Explication de S Augustin sur le Nouveau Testament, par M. Fontaine. Par., 1689. 4 vol. in-8°.
. . . .	. . . .	. . . .

Modèle de concordance des anciens n^os avec les nouvelles cotes de la bibliothèque à laquelle se rapporte le fragment d'inventaire qui précède :

Anciens numéros.	Nouvelles cotes.	Anciens numéros.	Nouvelles cotes.
A 1.	1-6	8 *ter*.	23.
2.	7-16.	9.	1010.
3.	501.	10	24.
4.	1001-1004.	11.	1011.
4 *bis.*	17.	12.	25.
5.	18-20.	13.	26-39.
5 *bis.*	502.	14.	504.
6.	21.	14 *bis.*	505.
7.	1005-1009.	15.	505.
8.	22.	16	1012-1015.
8 *bis.*	503.	17.	40.

APPENDICE III. — MODÈLE DE CATALOGUE ALPHABÉTIQUE PAR NOMS D'AUTEURS ET PAR PREMIERS MOTS DE TITRES POUR LES OUVRAGES ANONYMES.

N. B. Les livres compris dans ce modèle sont ceux qui figurent plus haut au modèle d'inventaire, Appendice I.

Pour ménager l'espace et simplifier le travail, on a réduit au strict nécessaire la reproduction des titres et on a écourté les adresses bibliographiques. Cela est largement suffisant pour les catalogues de service, surtout dans les bibliothèques ordinaires.

ACHERY (Luc d'). — Spicilegium sive collectio veterum aliquot scriptorum qui in Galliæ bibliothecis delituerant, olim editum opera ac studio d. Lucæ d'Achery. Nova editio..., per Lud. Franc. Jos. de La Barre. — *Parisiis*, 1723. 3 vol. in-fol.

V. 11-13.

ÆLIANUS. Voy. ÉLIEN.

AGENDA ecclesiæ Moguntinensis per reverendissimum dominum Sebastianum, archiepiscopum Moguntinum, typis evulgata. — *Moguntiæ*, 1551. In-fol.

A. 11.

AUGUSTIN (Saint). — Sancti Aurelii Augustini, Hipponensi, sepiscopi, operum tomus primus (.... decimus), opera et studio monachorum ordinis Sancti Benedicti e congregatione Sancti Mauri. — *Parisiis* — 1679, 1690. 10 tomes in-folio, reliés en 14 vol.

A. 12-25.

— — Sancti Aurelii Augustini, Hipponensis episcopi, vita... necnon indices generales... opera et studio monachorum ordinis Sancti Benedicti e congregatione Sancti Mauri. — *Parisiis*, 1700. In-fol.

A. 26.

Augustin (Saint) De la Cité de Dieu, traduite par le sieur de Cériziers, aumosnier du roy. — *Paris*, 1655. In-fol.

A. 27.

Barthélemy (Édouard de). — Les monuments historiques du département de la Marne, par E. de Barthélemy. *Châlons-sur-Marne*, 1889. In-8°.

Qe. 2011.

— — La ville de Sézanne et l'abbaye du Reclus. Notes historiques, par le comte Édouard de Barthélemy. — *Troyes*, 1879. In-8°. (Extrait des Mém. de la Soc. acad. de l'Aube).

Qe. 2012.

*Bastard (Léon de). — Fragment de l'histoire de Maligny... — *Auxerre*, 1857. In-8°.

V. 1053.

*— — Notes et documents pour servir à l'histoire locale... — *Auxerre*, 1859. In-8°.

V. 1056.

*— — Recherches biographiques sur Jean de Ferrières. — *Auxerre*, 1855. In-8°.

V. 1051.

— — Recherches sur l'insurrection communale de Vézelay, au XIIᵉ siècle, par M. Léon de Bastard. — *Paris*, 1851. In-8°. (Extr. de la *Bibl. de l'École des chartes*).

V. 1050.

*— — Édit. de Correspondance de Charles IX et de Catherine de Médicis.

V. 1052.

*— — Edit. de Lettres de l'abbé Lebeuf.

V. 1054 et 1055.

Beaudeau (Jacques). — Armorial des États du Languedoc, enrichi des éléments de l'art du blason, gravé et recueilli par Jacques Beaudeau. — *Montpellier*, 1686. In-4°.

Pe. 185.

*Beauvillé(Victor de). — Édit. de Pontifical d'Amiens.

A. 92.

Bède. — Venerabilis Bedæ presbyter anglo-saxonis, viri sua ætate doctissimi, opera quotquot reperiri potuerunt omnia. — *Coloniæ Agrippinæ*, 1612. 8 vol. in-fol. reliés en 4.

A. 28-31.

*Bèze (Théodore de). — Trad. et annot. de Novum Testamentum.

A. 91.

Bible. — Biblia polyglotta, complectentia textus originales... opus totum edidit Brianus Waltonus. — *Lond.*, 1657. 6 vol. in-fol.

A. 32-37.

— — Bibliorum sacrorum latinæ versiones antiquæ seu vetus italica... opera et studio D. Petri Sabatier, ordinis Sancti Benedicti, e congregatione Sancti Mauri. — *Remis*, 1743. 3 vol. in-fol.

A. 38-40.

— — Biblia emendata studio et opera Roberti Stephani. — (*Genevæ*), excudebat Robertus Stephanus, 1555. In-8°. Reliure du XVIᵉ siècle, à compartiments.

Rés. 433.

— — Biblia vulgatæ editionis, a Sixto V recognita et approbata. — *Romæ*, 1590. In-fol.

A. 41.

— — Biblia latina, Clementis VIII auctoritate recognita et recusa. — *Romæ*, 1592. In-fol.

A. 42.

— — Biblia sacra vulgatæ editionis, Sixti V, pontificis maximi, jussu recognita atque edita. — *Coloniæ Agrip-*

pinæ, 1630. — In-8°. Mar. rouge, dentelles.

Rés. 436.

BIBLE. — La Bible nouvellement translatée, avec la suite de l'histoire depuis le temps d'Esdras jusqu'aux Maccabées, et depuis les Maccabées jusqu'à Christ. Item les annotations sur les passages difficiles par Sébastien Chateillon. — *Bâle*, 1555. In-fol.

A. 43.

*BLAQUIÈRE (Edw.).—Annot. de Narrative of a residence in Algiers.

Qe. 171.

BONA (Jean). — Rerum liturgicarum libri duo, auctore Joanne Bona. — *Romæ*, 1671. In-fol.

A. 44.

BOOKE (The) of the common prayer and administracion of the sacramentes and other rites and ceremonies of the churche of England. — *Londini*, 1549, mense junii. In-fol.

A. 45.

BOSSUET. — Oraison funèbre de Marie-Thérèse d'Autriche, reine de France, prononcée à Saint-Denis, le 1er septembre 1683, par messire J. B. Bossuet. — *Paris*, 1683. In-4°. Mar. noir.

Rés. 181.

*BOUCHOT (Henri). — Édit. du Livre rouge de Saint-Quentin.

Qe. 199.

BOUGES (le R. P.). — Histoire ecclésiastique et civile de la ville et diocèse de Carcassonne, par le R. P. Bouges. — *Paris*, 1741. In-4°.

Qe. 182.

BRÉVIAIRE. — Breviarium monasticum congregationis Casalis Benedicti. (A la fin :) In urbe Parrhisiensi, opera magistri Caroli Roger impressum, impensis Sebastiani Nivellii, anno

1586, mense martio. — *Paris*, 1586. In-8°. Goth.

Rés. 495.

BURNABY (A.). — Journal of a tour to Corsica, in the year 1766, by the Rev. A. Burnaby, with a series of original letters from general Paoli to the author, refering to the principal events which have taken place in this island from 1766 to 1802. — *London*, 1804. In-4"

Qe. 183.

CALVIN (Jean). — Institution de la religion chrestienne, par Jean Calvin, avec deux indices, l'un des matières principales ; l'autre des passages de l'Escriture exposez en icelle, recueillis par A. Marlorat. — *Genève*, 1566. In-fol.

A. 47.

---- — Joannis Calvini tractatus theologici omnes in unum volumen certis classibus congesti... Altera editio, emendatior, cui accesserunt ejusdem Calvini in libros Senecæ de clementia commentarii. — *In bibliopolio Commeliniano*, 1611. In-fol.

A. 46.

*CAMERARIUS (Joachimus).— Annot. de Novum Testamentum.

A. 91.

*CARLIER. — Histoire du duché de Valois. *Paris*, 1764. Trois vol. in-4°.

Qe. 193-195.

CARTULAIRE des francs-fiefs du Forez, 1090-1292, publié par le comte de Charpin-Feugerolles. — *Lyon*, 1882. In-4°.

Qe. 201.

—— —Chartularium universitatis Parisiensis, ed. Henricus Denifle, auxiliante Aemilio Chatelain. Tomus I. — *Parisiis*, 1889. In-4°.

Qe. 202.

CARTULAIRES. — Voy. Chartes.

Castan (Auguste). — La bibliothèque de l'abbaye de Saint-Claude du Jura. Esquisse de son histoire, par Auguste Castan. — *Besançon*, 1889. In-8°. (Extr. de la Biblioth. de l'École des chartes).

Qe. 2004.

* Catherine de Médicis. Correspondance avec Gaspard de Tavannes ; voy. Charles IX.

V. 1052.

*Cériziers (Le sieur de). — Trad. de la Cité de Dieu de S. Augustin.

A. 27.

*Challe. Édit de Mémoires concernant l'hist. d'Auxerre.

Qe. 173-176.

Charles IX. — Correspondance de Charles IX et de Catherine de Médicis avec Gaspard de Tavannes, lieutenant-général du roi en Bourgogne au sujet de MM. de Maligny. 1561, janvier. [Publiée par Léon de Bastard]. — *Auxerre*, 1857. In-8°.

V. 1052.

*Charmasse (Anatole de). — Précis historique, en tête de : Autun et ses monuments. — *Autun*, 1889. In-16.

Qe. 1232.

* — — Édit. de Chartes de l'abbaye de Corbigny.

Qe. 2005.

*Charpin-Feugerolles (Comte de). Édit. de Cartulaire des francs fiefs du Forez.

Qe 201.

Chartes de l'abbaye de Corbigny , publiées par Anatole de Charmasse. — *Autun*, 1889. In-8°. (Extr des Mém. de la Soc. éduenne).

Qe. 2005.

Chartier (Alain). — Les œuvres de feu messire Alain Chartier. — *Paris*, Galliot du Pré, 1529. In-8°. Rel. en vélin.

Rés. 537.

Chartularium. Voy. Cartulaires.

Charvet. — Histoire de la sainte église de Vienne par M. C. Charvet. — *Lyon*, 1761. — Supplément à l'histoire de l'église de Vienne. Corrections et additions. S. l. n. d. — Le tout en un vol. in-4°.

Qe. 198.

*Chateillon (Séb.). — Trad. de la Bible.

A. 43.

Chatelain (Ém.). — Édit. de Chartul. universitatis Parisiensis.

Qe. 202.

*Clément VIII, pape. — Édit. de la Bible.

A. 42.

Conciles. — Conciliorum omnium generalium et provincialium collectio regia. — *Parisiis*, 1644. 37 vol. in-fol.

A. 47-84.

Concordances. — Sacrorum Bibliorum vulgatæ editionis concordantiæ, ad recognitionem jussu Sixti V pontificis maximi Bibliis adhibitam, recensitæ atque emendatæ a Francisco Luca, theologo et decano Audomaropolitano. — *Coloniæ Agrippinæ*, 1684. In-8°.

A. 617.

Autre exemplaire, relié en mar. rouge aux armes de Colbert.

Rés. 552.

Corneille.(P.).—Le Théâtre de P. Corneille, reveu et corrigé par l'auteur. *Rouen et Paris*, 1664. 2 vol. in-fol.

Rés. 41, 42.

*Corneille (P.)—Trad. de l'Imitation. 1651.

Rés. 641.

*Creyghton (Robert). — Trad. de Vera historia unionis non veræ inter Græcos et Latinos.

A. 93.

*Denifle (Henricus). — Édit. de Chartul. univers. Parisiensis.

Qe. 202.

*Doucet (Camille). — Préf. de Recherches sur la ville de Sens par Th. Tarbé.

Qe. 96.

*Ducœus (Fronto). — Édit. de S. Joannis Chrysostomi homiliæ LXXII.

A. 86.

Du Chesne (André). — Histoire des roys, ducs et comtes de Bourgogne et d'Arles, par André Du Chesne. — *Paris*, 1619. In-4°.

Qe. 17.

* — — Édit. de Historiæ Normannorum scriptores.

Qe. 62.

Du Fouilloux (Jacques). — La vénerie et fauconnerie de Jaques du Fouilloux, Jean de Franchieres et autres divers autheurs, corrigées et augmentées de chasses non encores par cy devant imprimées, par J. D. S. (Jean de Sansicquet). — *Paris*, Abel L'Angelier, 1585. Deux parties en 1 vol. in-4°.

Rés 210.

Élien. — Æliani de natura animalium libri XVII, gr. et lat., cum notis variorum, cura Abr. Gronovii. — *Londini*, 1744. Deux vol. in-4°. Grand papier.

Rés. 223, 224.

Éphrem (Saint). — Sancti patris Ephraem Syri, scriptoris Ecclesiæ antiquissimi et dignissimi, opera omnia, nunc recens latinitate donata, scholiisque illustrata, interprete et scholiaste reverendo D. doctore Gerardo Vossio. — *Antverpiæ*, 1619. In-folio.

A. 85.

*Érasme. — Édit. et trad. de Novum Testamentum.

A. 90.

*Estienne (Henri). — Epitome The-

sauri græcæ linguæ. — *Genevæ*, 1616. In-4°.

K. 346.

Fêtes publiques données par la ville de Paris à l'occasion du mariage de M. le Dauphin, en 1745. — Grand in-fol. mar. rouge, aux armes de la ville de Paris.

Rés. 4.

Fontenay (Harold de). — Autun et ses monuments, par Harold de Fontenay, avec un Précis historique par Anatole de Charmasse. — *Autun*, 1889. In-16.

Qe. 1232.

Fragment de l'histoire de Maligny. XIVe siècle. Gilles de Maligny. [Par Léon de Bastard]. — *Auxerre*, 1857. In-8°. (Extr. du Bulletin de la Soc. des sciences de l'Yonne).

V. 1053.

*Franchières (Jean de). — Fauconnerie. Paris, 1585. Voy. Du Fouilloux.

Rés. 210.

Germain (Michel). — Histoire de l'abbaye royale de Notre-Dame de Soissons, de l'ordre de Saint-Benoît, divisée en quatre livres, avec les preuves ; composee par un religieux bénédictin de la congrégation de Saint-Maur. (Signé : Fr. Michel Germain). — *Paris*, 1675. In-4°.

Qe. 192.

*Gondy (Pierre de), évêque de Paris. — Édit. de Missale Paris.

A. 88.

Grandmaison (Louis de). — Note sur le cimetière des Juifs à Tours, par Louis de Grandmaison. — *Paris*, 1889. In-8°. (Extr. de la Revue des études juives).

Qe. 2008.

*Gronovius (Abr.). — Édit. d'Élien. 1744. Rés. 223, 224.

Guibert (Louis). — Louis Guibert. Monuments historiques [du département de la Haute-Vienne]. Rapport de la commission chargée d'examiner à nouveau la liste des monuments historiques. — *Limoges*, 1889. In-8°.
Qe. 2007.

Guilhermy (de). — Itinéraire archéologique de Paris par M. F. de Guilhermy. — *Paris*, 1855. In-12.
Qe. 912.

*Guyot (Marie).—Illustr.de Recherches sur la ville de Sens, par Th. Tarbé.
Qe. 96.

Heures à l'usaige de Amyens. (A la fin:) Imprimées nouvellement à Paris, par Jehan Amazeur, pour Magdelene Boursette, veufve de François Regnault. — *Paris*, vers 1555. In-8°. Gothique. Figures. Imprimé sur vélin. Relié en velours.
(Au commencement, almanach pour les années 1555 à 1569).
Rés. 603.

Heures à l'usaige de Paris. — *Paris*, la veufve de Thielman Kerver, 1525. In-8°. Gothique. Figures. Imprimé sur vélin.
Rés. 605.

*Heussenstamm (Séb. de), archev. de Mayence.—Édit. de Agenda ecclesiæ Moguntinensis.
A. 11.

Histoire du duché de Valois, ornée de cartes et de gravures, contenant ce qui est arrivé dans ce pays depuis le temps des Gaulois jusqu'en l'année 1703. [Par Carlier]. — *Paris*, 1764. Trois volumes in-4°.
Qe. 193-195.

Historiæ Normannorum scriptores antiqui; nunc primum edidit Andreas Duchesnius Turonensis. — *Lutetiæ Parisiorum*, 1619. In-fol.
Qe. 62.

Histoire ecclésiastique et civile de Verdun, avec le pouillé, la carte du diocèse et le plan de la ville; par un chanoine de la même ville. — *Paris*, 1745. In-4°. (Par l'abbé Roussel, suivant Fevret de Fontette.)
Qe. 197.

Histoire littéraire de la congrégation de Saint-Maur. [Par dom Tassin]. — *Bruxelles et Paris*, 1770. In-4°.
U. 375.

— Autre exemplaire, à la fin duquel on a relié les feuillets supprimés ou remplacés par des cartons dans les exemplaires mis en vente.
Rés. 381.

Imitation (L') de Jésus-Christ, traduite en vers françois, par P. Corneille. — *Rouen et Paris*, 1651. Petit in-12. Mar. rouge.
Rés. 641.

*Jault. Édit. de Dictionn. de la langue françoise, par Ménage, 1750.
Rés. 78, 79.

Jean Chrysostome (Saint). — Sancti patris nostri Joannis Chrysostomi, archiepiscopi Constantinopolitani..., homiliæ LXXII. Ed. Fronto Ducæus, Burdegalensis, Societatis Jesu theologus. — *Lutetiæ Parisiorum*, 1609. In-fol.
A. 86.

*Josse (Hector). — Édit. de Pontifical d'Amiens.
A. 92.

*La Barre (L. Fr. Jos. de).— Édit. de Spicilegium olim editum studio Lucæ d'Achery.
V. 11-13.

La Fontaine. — Contes et nouvelles en vers, par M. de La Fontaine. — *Amsterdam*, 1762. 2 vol. in-8°. Figures. Mar. rouge. (Édition dite des Fermiers généraux.)
Rés. 678, 679.

La Fresnaye-Vauquelin. — Les diverses poésies du sieur de La Fresnaye-Vauquelin. — *Caen, Charles Macé*, 1612. In-8°, Mar. rouge.

Rés. 690.

Lasteyrie (Robert de). — Note sur un cimetière mérovingien découvert à Paris, place Gozlin, par M. Robert de Lasteyrie. — *Paris*, 1876. In-8°. (Extr. de la Revue archéologique.)

Qe. 2001.

Lasteyrie (Robert de). — Notice sur une inscription du XIII° siècle découverte à Brive (Corrèze), par M. Robert de Lasteyrie. — *Brive*, 1879. In-8°. (Extr. du Bulletin de la Soc. de la Corrèze.)

Qe. 2002.

*Laurière(Jules de).—Édit.de Rebatu, Antiquités de la ville d'Arles.

Qe. 2006.

Lebeuf (l'abbé). — Lettres de l'abbé Lebeuf [publiées par Léon de Bastard]. *Auxerre*, 1857. In-8°. (Extr. du Bulletin de la Soc. des sciences de l'Yonne.)

V. 654.

— Lettres de l'abbé Lebeuf [publiées par Léon de Bastard]. *Auxerre*, 1859. In-8°. (Extr. du Bulletin de la Soc. des sciences de l'Yonne.)

V. 655.

— Mémoires concernant l'histoire civile et ecclésiastique d'Auxerre et de son ancien diocèse, par l'abbé Lebeuf; continués par MM. Challe et Quantin. — *Auxerre*, 1848-1854. Quatre vol. grand in-8°.

Qe. 173-176.

*Le Duchat.—Édit.de Rabelais,1741.

Rés. 353-355.

*Lemaire (Emm.). — Édit. du Livre rouge de Saint-Quentin.

Qe. 199.

Léon (Saint). — Leonis Magni,

Maximi, Taurinensis episcopi, et Petri Chrysologi, Ravennatis episcopi, opera omnia. — *Parisiis*, 1614. In-fol. Mar. vert, aux armes de J. A. de Thou.

Rés. 64.

Le Vasseur (Jacques). — Annales de l'église cathédrale de Noyon, jadis dite de Vermand, avec une description et notice sommaire de l'une et l'autre ville; par M. Jacques Le Vasseur. — *Paris*, 1633-1634. Deux vol. in-4", reliés en trois.

Qe. 187-189.

Liturgiæ. — Λειτουργιαι των αγιων πατερων. Omnia latine seorsim excusa sunt. — *Parisiis*, 1560. In-fol.

A. 87.

Livre rouge (Le) de l'Hôtel-de-ville de Saint-Quentin, publié, avec une préface de M. Henri Martin, par Henri Bouchot et Emmanuel Lemaire. — *Saint-Quentin*, 1881. In-4°.

Qe. 199.

*Lucas (Franc.) — Sacrorum bibliorum concordantiæ. — *Coloniæ*, 1684. In-8°.

A. 617 et Rés. 552.

Maistre Pierre Pathelin. Voy. Pathelin.

*Marlorat (A.)—Annot.del'Institution de Jean Calvin.

A. 47.

*Martin (Henri). — Préf. du Livre rouge de Saint-Quentin.

Qe. 199.

*Maxime (Saint), évêque de Turin. Opera. — 1614. Voy. Léon (Saint).

Rés. 64.

Ménage. — Dictionnaire étymologique de la langue françoise, par Ménage. Nouvelle édition, corrigée et augmentée par Jault. — *Paris*, 1750. 2 vol. in-fol. Mar. rouge.

Rés. 78, 79.

Merlet (Lucien). — Procès pour la possession du comté de Bigorre (1254-1503), par M. Lucien Merlet. — *Paris*, 1857. In-8°. (Extr. de la Biblioth. de l'École des chartes.)

Qe. 2003.

Missels. — Missale insignis ecclesiæ Parisiensis, restitutum et emendatum domini Petri de Gondy, Parisiensis episcopi, jussu. — *Parisiis*, 1585. In-fol.

A. 88.

—— Missale Romanum ex decreto sacrosancti concilii Tridentini restitutum, Pii V pontificis maximi jussu editum. — *Venetiis*, 1582. In-fol.

A. 89.

Molière. — Œuvres de M. de Molière. — *Paris, D. Thierry*, 1674-1675. 7 vol. in-12 Veau fauve.

Rés. 732-738.

Montaigne. — Essais de messire Michel, seigneur de Montaigne. Livre premier et second. — *A Bourdeaux, par S. Millanges*, 1580. Deux tomes en 1 vol. in-8".

Rés. 755.

—— Les Essais de Michel, seigneur de Montaigne, édition nouvelle, trouvée après le deceds de l'auteur et augmentée par lui d'un tiers. — *Paris*, 1595. In-fol. Rés. 87.

*Montalte (Louis de). Voy. Pascal (Blaise).

Morin (Guillaume). — Histoire générale des pays de Gastinois, Senonois et Hurepois, contenant la description des antiquités des villes, bourgs, châteaux, abbayes, églises et maisons nobles, avec les généalogies des seigneurs et familles, composée par feu R. P. dom Gul. Morin. — *Paris*, 1630. In-4°.

Qe. 184.

Munier (Jean). — Recherches et mé-

moires servant à l'histoire de l'ancienne ville et cité d'Autun, par feu M. Jean Munier, revus et donnés au public par M. Claude Thiroux. — *Dijon*, 1660. In-4°.

Qe. 172.

Notes et documents pour servir à l'histoire locale. Le duc de Guise dans l'Auxerrois [par Léon de Bastard]. — *Auxerre*, 1859. In-8°. (Extr. de l'Annuaire historique de l'Yonne.)

V. 1056.

Nouveau pouillé des bénéfices du diocèse de Rouen. — *Paris*, 1704. In-4°.

Qe. 191.

Nouveau Testament. Novum Testamentum omne multo quam ante hac diligentius ab Erasmo Roterodamo recognitum, emendatum ac translatum. — (A la fin :) *Basileæ, in ædibus Joannis Frobenii*, 1519. In-fol.

A. 90.

Nouveau Testament. Jesu Christi Domini nostri Novum Testamentum sive Novum Fœdus, cujus græco textui respondent interpretationes duæ, una vetus, altera Theodori Bezæ; ejusdem Theodori Bezæ annotationes...... Accessit etiam Joachimi Camerarii in Novum Fœdus commentarius. — *Cantabrigiæ*, 1642. In-fol.

A. 91.

Ogée. — Dictionnaire historique et géographique de la province de Bretagne, par M. Ogée. — *Nantes*, 1778-1780. Quatre vol. in-4°.

Qe. 178-181.

*Paoli (Général). Lettres. Voy. Burnaby, Journal.

Pe. 183

Paradin (Guillaume). — De antiquo statu Burgundiæ liber, per Gulielmum Paradinum. — *Lugduni*, 1542. In-4°.

Qe. 177.

Pascal (Blaise). — Pensées de M. Pascal sur la religion et sur quelques autres sujets qui ont été trouvées après sa mort parmi ses papiers. — *Paris, Guillaume Desprez,* 1670. In-12. Relié en parch.

Rés. 803.

—— Les Provinciales ou les lettres escrites par Louis de Montalte à un provincial de ses amis et aux RR. PP. Jésuites, sur le sujet de la morale et de la politique de ces Pères. — *Cologne, P. de La Vallée,* 1657. In-4°.

Rés. 306.

Pastissier (Le) françois où est enseignée la manière de faire toute sorte de pastisserie...... —— *Amsterdam, Louys et Daniel Elzevier,* 1655. In-12. Veau fauve.

Rés. 827.

Pathelin. — Maistre Pierre Pathelin, de nouveau reveu et mis en son naturel, avec le blason et loyer des fausses et folles amours. — *Rouen, chez la vefve de Robert Mallart,* s. d. In-16. Rel. en vélin.

Rés. 842.

Pazzis (Maxime). — Mémoire statistique sur le département de Vaucluse, par Maxime Pazzis. — *Carpentras,* 1808. In-4°.

Qe. 196.

Pétrarque (François). — Les triumphes messire Françoys Petrarque, translatez de langage toscan en françois. — *A Paris, pour Hemon Le Fèvre,* 1520. In-fol. Gothique. Rel. en vélin.

Rés. 105.

*Picart (B.). — Figures pour l'édit. de Rabelais, 1741.

Rés. 353-355.

Pie V. — Édit. de Missale Romanum.

A. 89.

*Pierre Chrysologue. Opera. Par. 1614. Voy. Léon (Saint).

Rés. 64.

Pinanti. — Narrative of a residence in Algiers, comprising a geographical and historical account of the regency, biographical sketches of the dey and his ministers, by signor Pinanti, with notes by Edward Blaquière. — *London,* 1818. In-4°.

Qe. 171.

Pontifical d'Amiens, publié d'après un manuscrit original du XIe siècle, avec notes et commentaires, par Victor de Beauvillé et Hector Josse. —*Amiens,* 1885. Gr. in-4°.

A. 92.

Prevost (Gustave A.) — Le château de Canteleu près Rouen et ses propriétaires depuis le XVIIe siècle, par Gustave A. Prevost. — *Caen,* 1889. In-8°. (Extr. du Bulletin monumental.) Qe. 2009.

Procès-verbal des séances du Conseil général du Bas-Rhin. Année 1791. — *Strasbourg,* 1792. In-4°.

Qe. 190.

*Quantin (Max.). Édit. de Mémoires, concernant l'hist. d'Auxerre.

Qe. 173-176.

Rabelais (François). — Œuvres de maître François Rabelais, avec des remarques historiques et critiques de Le Duchat. Nouvelle édition, ornée de figures de B. Picart. — *Amsterdam,* 1741. 3 vol. in-4°.

Rés. 353-355.

Rebatu. — Antiquités de la ville d'Arles, ouvrage inédit du conseiller Rebatu, publié par Jules de Laurière. — *Tours,* 1876. In-8°. (Extr. des Comptes-rendus du Congrès tenu à Arles en 1876.)

Qe. 2006.

RECHERCHES biographiques sur Jean de Ferrières, seigneur de Maligny, vidame de Chartres [par Léon de Bastard]. — *Auxerre,* 1855. In-8°, 50 p. (Extr. du Bulletin de la Soc. des sciences de l'Yonne.)

V. 1051.

ROSEROT (Alphonse). — Le service du ban et arrière-ban dans le bailliage de Troyes au XVIIe siècle (1689-1695), par Alphonse Roserot. — *Troyes,* 1889. In-8°. (Extr. de l'Annuaire de l'Aube.)

Qe. 2010.

*ROUSSEL (L'abbé). Histoire ecclés. et civile de Verdun. — *Paris,* 1745. In-4°.

Qe. 197.

*SABATIER (Pierre). Édit. de Bibliorum sacrorum latinæ versiones antiquæ.

A. 38-40.

*SANSICQUET (Jean de). — Édit. de Jacques Du Fouilloux, etc. 1585.

Rés. 210.

SCAPULA (Jo.). —Lexicon græco-latinum seu Epitome Thesauri græcæ linguæ ab Henrico Stephano constructi, quæ hactenus sub nomine Johannis Scapulæ prodiit : Lexicon sane, ultra præcedentes editiones, innumeris dictionibus e probatis autoribus petitis locupletatum. — *Genevæ,* 1616. In-4°.
Trois exemplaires.

K. 346.

SGUROPULUS (Sylvester). — Vera historia unionis non veræ inter Græcos et Latinos, sive concilii Florentini exactissima narratio, græce scripta per Sylvestrum Sguropulum......; transtulit in sermonem latinum... Robertus Creyghton— *Hagæ Comitis,* 1660. In-fol.

A. 93.

*SIXTE V, pape. Édit. de la Bible. 1590.

A. 41.

— 1630.

Rés. 436.

*STEPHANUS (Henricus). Voy. ESTIENNE (Henri).

TARBÉ (Théodore.) — Recherches historiques et anecdotiques sur la ville de Sens, recueillies et rédigées par Théodore Tarbé. 2e édition, illustrée de 120 dessins, par Mlle Marie Guyot. Préface de M. Camille Doucet. — *Paris,* 1888. In-fol.

Qe. 96.

*TASSIN (dom). — Histoire littéraire de la congrégation de Saint-Maur. — *Bruxelles et Paris,* 1770. In-4°.

U. 375 et Rés. 381.

TERNAUX (Henri). — Historia reipublicæ Massiliensium a primordiis ad Neronis tempora, scripsit Henricus Ternaux. — *Gottingæ,* 1826. In-4°.

Qe. 186.

*THIROUX (Claude).— Édit. de Recherches et Mémoires servant à l'hist. d'Autun.

Qe. 172.

VALESIUS. Voy. VALOIS.

VALLENTIN (Roger). — Roger Vallentin. L'atelier monétaire d'Avignon en 1589. — *Avignon,* 1889. In-8°.

Qe. 2013.

VALOIS (Adrien de). — Hadriani Valesii Notitia Galliarum ordine litterarum digesta. — *Parisiis,* 1675. In-fol.

Qa. 340.

*VAUQUELIN. Voy. LA FRESNAYE VAUQUELIN.

VIELLARD (Léon). — Documents et mémoire pour servir à l'histoire du territoire de Belfort (Haut-Rhin français), recueillis et publiés par Léon Viellard. — *Besançon,* 1884. Grand in-8°.

Qe. 200.

Vossius (Gerardus). — Trad. et annot. de S. Ephraem opera omnia.

A. 85.

Waltonus (Brianus). Édit. de Biblia polyglotta.

A. 32-37.

Appendice IV. — Modèle de répertoire alphabétique par noms de sujets.

Alger.

Pinanti. Narrative of a residence in Algiers, with notes by Edw. Blaquière. London, 1818. In 4°.

Qe. 171.

Amiens.

Heures à l'usaige de Amyens. Paris, Jehan Amazeur. Vers 1555. In 8°.

Rés. 603.

Pontifical d'Amiens, publié par V. de Beauvillé et Hector Josse. Amiens, 1885. In-4°.

A. 92.

Angleterre (Église d').

The booke of the common prayer. Lond., 1549. In fol.

A. 45.

Animaux.

Æliani de natura animalium libri XVII. Londini, 1744. 2 vol. in-4°.

Rés. 223, 224.

Arles.

Duchesne (André). Histoire des roys, ducs et comtes de Bourgongne et d'Arles. Paris, 1619. In-4°.

Qe. 177bis.

Rebatu. Antiquités de la ville d'Arles ; publié par J. de Laurière. Tours, 1876. In-8°.

Qe. 2006.

Armorial des États de Languedoc, par Jacques Beaudeau. Montpellier, 1686. In-4°.

Qe. 185.

Arrière-ban. V. Ban.

Autun.

Fontenay (Harold de). Autun et ses monuments, avec un Précis historique par A. de Charmasse. Autun, 1889. In-16.

Qe. 1232.

Munier (Jean). Recherches et mémoires servant à l'histoire d'Autun, revus par Claude Thiroux. Dijon, 1660. In-4°.

Qe. 172.

Auxerre.

Lebeuf. Mémoires concernant l'histoire civile et ecclésiastique d'Auxerre, continués par MM. Challe et Quantin. Auxerre, 1848-1854. 4 vol. in 8°.

Qe. 173-176.

Auxerrois.

Bastard (Léon de). Le duc de Guise dans l'Auxerrois. Auxerre, 1859. In 8°.

V. 1056.

Avignon.

Vallentin (Roger). L'atelier monétaire d'Avignon en 1589. Avignon, 1889. In-8°.

Qe. 2013.

Ban.

Roserot (A.). Le service du ban et arrière-ban dans le bailliage de Troyes. Troyes, 1889. In-8°.

Qe. 2010.

Belfort.

Viellard (Léon). Documents et mémoire pour servir l'histoire du territoire de Belfort. Besançon, 1884. In-8°.

Qe. 200.

Bible. Voy. le catalogue alphabétique au mot BIBLE.

Concordances. — Sacrorum bibliorum concordantiæ, ed. Franc. Luca. Colon., 1684. In-8°.

A. 617 et Rés. 552.

Bibliothèque. — Saint-Claude.

La bibliothèque de S. Claude du Jura , par A. Castan. Besançon , 1889. In-8°.

Qe. 2004.

Bigorre.

Merlet (Lucien). Procès pour la possession du comté de Bigorre (1254-1503). Paris, 1857. In-8°.

Qe. 2003.

Blason.

Beaudeau (Jacques). Art du blason. Montpellier, 1686. In-4°.

Pe. 185.

Blason et loyer des fausses et folles amours, à la suite de Pathelin. Rouen, s. d. In-16.

Rés. 842.

Bourgogne.

Duchesne (A.). Histoire des roys, ducs et comtes de Bourgongne. Paris, 1619. In-4°.

Qe. 177bis.

Paradin (G.). De antiquo statu Burgundiæ liber. Lugduni, 1542. In-4°.

Qe. 177.

Bretagne.

Ogée. Dictionnaire historique et géographique de la province de Bretagne. Nantes, 1778-1780. 4 vol. In-4°.

Qe. 178-181.

Bréviaires. Voy. le catalogue alphabétique, à ce mot.

Brive.

Lasteyrie (Rob. de). Notice sur une inscription du xiii° siècle, découverte à Brive. Brive, 1879. In-8°.

Qe. 2002.

Canteleu.

Prevost (Gust.-A.). Le château de Canteleu près Rouen. Caen, 1889. In-8°.

Qe. 2009.

Carcassonne.

Bouges (Le R. P.). Histoire ecclésiastique et civile de la ville et diocèse de Carcassonne. Paris, 1741. In-4°.

Pe. 182.

Cartulaires. Voy. le catalogue alphabétique, à ce mot.

— Le Livre rouge de l'Hôtel-de-ville de Saint-Quentin. Saint-Quentin, 1881. In-4°.

Qe. 199.

Catherine de Médicis, reine de France. Correspondance avec Gaspard de Tavannes. Auxerre, 1857. In-8°.

V. 1052.

Charles IX, roi de France. Correspondance avec Gaspard de Tavannes. Auxerre, 1857. In-8°.

V. 1052.

Chasse.

Venerie (La) et fauconnerie de Jaques du Fouilloux, Jean de Franchieres et autres, augmentées de chasses non encores par cy devant imprimées, par J. D. S. [Jean de Sansicquet]. Paris, 1585. In-4°.

Rés. 210.

Chezal-Benoit.

Breviarium monasticum congregationis Casalis Benedicti. Paris, 1586. In-8°.

Rés. 495.

Cimetière. — Paris.

Note sur un cimetière mérovingien

découvert à Paris, par Robert de Lasteyrie. Paris, 1876. In-8°.

Qe. 2001.

Cimetière. — Tours.

Note sur le cimetière des Juifs à Tours, par Louis de Grandmaison. Paris, 1889. In-8°.

Qe. 2008.

Conciles.

Conciliorum omnium collectio regia. Par., 1644. 37 vol. in-fol.

A. 47-84.

— Voy. les noms des villes dans lesquelles se sont tenus des conciles : *Florence...*

Concordances de la Bible. Éd. Franc. Luca. Colon., 1684. In-8°.

A. 617 et Rés. 552.

Corbigny.

Chartes de l'abbaye de Corbigny, publiées par A. de Charmasse. Autun, 1889. In-8°.

Qe. 2005.

Corse.

Burnaby (Rev. A.). Journal of a tour to Corsica in the year 1766, with a series of original letters from general Paoli. London, 1804. In-4°.

Pe. 183.

Dauphin. Fêtes publiques données par la ville de Paris à l'occasion du mariage de M. le Dauphin en 1745. Grand in-fol.

Rés. 4.

Dictionnaires. Voy. aux noms des langues : française, grecque...

Essais de Montaigne. Voy. le Catalogue au mot MONTAIGNE.

Farce. Voy. Pathelin.

Fauconnerie.

La venerie et fauconnerie de J. du Fouilloux, Jean de Franchieres et autres. Paris, 1585. In-4°.

Rés. 210.

Ferrières (Jean de).

Bastard (Léon de). Recherches biographiques sur Jean de Ferrières. Auxerre, 1855. In-8°.

V. 1051.

Fêtes publiques données par la ville de Paris en 1745.

Rés. 4.

Florence (Concile de).

Sguropulus (Sylv.). Concilii Florentini exactissima narratio. Hagæ Comitis, 1660. In-fol.

A. 93.

Forez.

Cartulaire des francs-fiefs du Forez, par le comte de Charpin-Feugerolles. Lyon, 1882. In-4°.

Qe. 201.

Française (Langue).

Ménage. Dictionnaire étymologique de la langue françoise. Éd. de Jault. Paris, 1750. 2 vol. in-fol.

Rés. 78, 79.

France (Géographie ancienne de la).

Hadriani Valesii Notitia Galliarum ordine litterarum digesta. Parisiis, 1675. In-fol.

Qa. 340.

Gatinais.

Morin (dom G.). Histoire générale des pays de Gastinois, etc. Paris, 1630. In-4°.

Qe. 184.

Grecque (Église).

Sguropulus (Sylv.). Vera historia unionis non veræ inter Græcos et Latinos. Hagæ Comitis, 1660. In-fol.

A. 93.

Grecque (Langue).

Scapula (Joh.). Lexicon græco-latinum seu Epitome Thesauri græcæ linguæ ab Henrico Stephano constructi. Genevæ, 1616. In-4°.

K. 346.

Guise.

Bastard (Léon de). Le duc de

Guise dans l'Auxerrois. Auxerre, 1859. In-8°.

V. 1056.

Hurepois.

Morin (dom G.). Histoire générale des pays de Gastinois, Senonois et Hurepois. Paris, 1630. In-4°.

Qe. 184.

Imitation (L', de Jésus-Christ. Voy. le Catalogue, au mot : IMITATION.

Inscription.

Lasteyrie (Robert de'. Notice sur une inscription du XIIIᵉ siècle découverte à Brive. Brive, 1879. In-8°.

Qe. 2002.

Jésuites.

Les Provinciales. Voy. le Catalogue, au mot : PASCAL.

Juifs.

Grandmaison (Louis de). Note sur le cimetière des Juifs à Tours. Paris, 1889. In-8°.

Qe. 2008.

Languedoc.

Beaudeau (J.). Armorial des États de Languedoc. Montpellier, 1686. In-4°.

Qe. 185.

Le Reclus.

Barthélemy (Ed. de). L'abbaye du Reclus. Troyes, 1879. In-8°.

Qe. 2012.

Liturgie.

Bona (Jo.). Rerum liturgicarum libri duo. Romæ, 1671. In-fol.

A. 44.

—— Λειτουργίαι των αγιων πατεϱων. Omnia latine seorsim excusa sunt. Par., 1560. In-fol.

A. 87.

—— Voy. au Catalogue alphabétique les mots : AGENDA, BOOKE OF THE COMMON PRAYER, BRÉVIAIRES, HEURES, MISSELS, PONTIFICAUX.

Maligny.

Bastard (Léon de). Correspondance de Charles IX et de Catherine de Médicis au sujet de MM. de Maligny. Auxerre, 1857. In-8°.

V. 1052.

Bastard (Léon de). Fragment de l'histoire de Maligny. XIVᵉ siècle. Gilles de Maligny. Auxerre, 1857. In-8°.

V. 1053.

Marie-Thérèse d'Autriche, reine de France.

Bossuet. Oraison funèbre. Paris, 1683. In-4".

Rés. 181.

Marne.

Barthélemy (Ed. de). Les monuments historiques du dép. de la Marne. Châlons, 1889. In-8°.

Qe. 2011.

Marseille.

Ternaux (Henri). Historia reipublicæ Massiliensium. Gottingæ, 1826. In-4°.

Qe. 186.

Mayence.

Agenda ecclesiæ Mogunt. Moguntiæ, 1551. In-fol.

A. 11.

Mérovingiens.

Lasteyrie (Robert de). Note sur un cimetière mérovingien découvert à Paris. Paris, 1876. In-8°.

Qe. 2001.

Monuments historiques.

Barthélemy (Ed. de). Monuments historiques du dép. de la Marne. Châlons, 1889. In-8".

Qe. 2011.

Guibert (Louis). Monuments historiques de la Haute-Vienne. Limoges, 1889. In-8".

Qe. 2007.

Normandie.

Historiæ Normannorum scriptores

antiqui, ed. Andreas Duchesnius. Lutetiœ, 1619. In-fol.

Qe. 62.

Noyon.

Le Vasseur (Jac). Annales de l'église cathédrale de Noyon. Paris, 1633-1634. 2 vol. in-4° reliés en 3.

Qe. 187-189.

Oraison funèbre de Marie-Thérèse d'Autriche, reine de France, par J.-B. Bossuet. Paris, 1683. In-4°.

Rés. 181.

Paris.

Fêtes publiques données en la ville de Paris en 1745. Grand in-fol.

Rés. 4.

— Guilhermy (F. de). Itinéraire archéologique de Paris. Paris, 1855. In-12.

Qe. 912.

—— Heures à l'usaige de Paris. Paris, la veuve de Th. Kerver, 1525. In-8°.

Rés. 605.

— Lasteyrie (Rob. de). Note sur un cimetière mérovingien découvert à Paris, place Gozlin. Paris, 1876. In-8°.

Qe. 2001.

Paoli (Général).

Letters from general Paoli. London, 1804. In-4°.

Qe. 183.

Pathelin, voy. le Catalogue à ce mot.

Pâtisserie.

Le pastissier françois. Amsterdam, 1655. In-12.

Rés. 827.

Pensées de M. Pascal. Voy. le Catalogue au mot PASCAL.

Polyglotte.

Biblia polyglotta, ed. Br. Waltonus. Lond., 1657. 6 vol. in-fol.

A. 32-37.

Pouillé de Rouen.

Nouveau pouillé des bénéfices du diocèse de Rouen. Paris, 1704. In-4°.

Qe. 191.

Pouillé de Verdun.

Histoire de Verdun, avec le pouillé du diocèse, [par l'abbé Roussel.]. Paris, 1745. In-4°.

Qe. 197.

Prières.

The booke of the common prayer. Lond., 1549. In-fol.

A. 45.

Provinciales (Les). Voy. le Catalogue au mot PASCAL.

Religion chrétienne.

Calvin. Institution de la religion chrétienne. Genève, 1566. In-fol.

A. 47.

Rouen.

Nouveau pouillé des bénéfices du diocèse de Rouen. Paris, 1704. In-4°

Qe. 191.

Rhin (Bas-).

Procès-verbal des séances du Conseil général du Bas-Rhin. 1791. Strasbourg, 1792. In-4°.

Qe. 190.

Saint-Claude du Jura.

Castan (A.). La bibliothèque de S. Claude du Jura. Besançon, 1889. In-8°.

Qe. 2004.

Saint-Maur.

Tassin (dom). Histoire littéraire de la congrégation de Saint-Maur. Bruxelles et Paris, 1770. In-4°

U. 375 et Rés. 381.

Saint-Quentin.

Le Livre rouge de l'Hôtel-de-ville de Saint-Quentin, publié avec une préface de Henri Martin, par Henri Bouchot et Emmanuel Lemaire. Saint-Quentin, 1881. In-4°.

Qe. 199.

Senonais.

Morin (G.). Histoire générale des

pays de Gastinois, Senonois et Hurepois. Paris, 1630. In-4°.

Qe. 184.

Sens.

Tarbé (Th.). Recherches sur la ville de Sens. 2ᵉ édition. Paris, 1888. In-fol.

Qe. 96.

Sézanne.

Barthélemy (Ed. de). La ville de Sézanne. Troyes, 1879. In-8°.

Qe. 2012.

Soissons.

Germain (Michel). Histoire de l'abbaye royale de Notre-Dame de Soissons. Paris, 1675. In-4°.

Qe. 192.

Spicilegium, studio Lucæ d'Achery. Par., 1723. 3 vol. in-fol.

V. 11-13.

Tavannes (Gaspard de).

Correspondance de Charles IX et de Catherine de Médicis avec Gaspard de Tavannes. Auxerre, 1857. In-8°.

V. 1052.

Théâtre (Le) de P. Corneille. Rouen et Paris, 1664. 2 vol. in-fol.

Rés. 41, 42.

Tours.

Grandmaison (Louis de). Note sur le cimetière des Juifs à Tours. Paris, 1889. In-8°.

Qe. 2008.

Triomphes. Voy. le Catalogue au mot PÉTRARQUE.

Troyes.

Roserot (A.). Le service du ban et arrière-ban dans le bailliage de Troyes. Troyes, 1889. In-8°.

Qe. 2010.

Valois.

Carlier. Histoire du duché de Valois. Paris, 1764. 3 vol. in-4°.

Qe. 193-195.

Vaucluse.

Pazzis (Maxime). Mémoire statistique sur le département de Vaucluse. Carpentras, 1808. In-4°.

Qe. 196.

Venerie et fauconnerie de Jaques du Fouilloux, Jean de Franchieres, etc. Paris, 1585. In-4°.

Rés. 210.

Verdun.

Roussel (L'abbé). Histoire ecclésiastique et civile de Verdun. Paris, 1745. In-4°.

Qe. 197.

Vermand.

Le Vasseur (Jacques). Annales de l'église cathédrale de Noyon, jadis dite de Vermand. Paris, 1633-1634. In-4°.

Qe. 187-189.

Vezelay.

Bastard (Léon de). Recherches sur l'insurrection communale de Vezelay. Paris, 1851. In-8°.

V. 1050.

Vienne.

Charvet (M. C.). Histoire de la sainte église de Vienne. Lyon, 1761. In-4°.

Qe. 198.

Vienne. (*La Haute-*).

Guibert (Louis). Monuments historiques de la Haute-Vienne. Limoges, 1889. In-8°.

Qe. 2007.

Appendice V. — Circulaire relative a l'estampillage des documents conservés dans les bibliothèques publiques.

Monsieur le Maire, un catalogue exact, un foliotage rigoureux, et une estampille habilement placée sont, vous le savez, les principales mesures conservatoires d'une collection bibliographique. Ces mesures sont toutes indispensables : car, si chacune d'elles fournit une preuve importante de propriété, leur réunion établit cette propriété d'une manière indiscutable.

L'ensemble de ces précautions supprime, pour ainsi dire, toute longue revendication en la rendant inutile, et l'intervention des tribunaux, en ne permettant aucun doute sur leur décision ; en même temps, il donne un moyen de surveiller avec facilité les dépôts les plus considérables.

C'est ce qui m'a amené à vous en entretenir plusieurs fois déjà ; et récemment encore j'ai insisté auprès de vous sur la nécessité du catalogue et du foliotage avec trop d'énergie pour qu'il me paraisse nécessaire de reprendre ce sujet. Mais il me semble opportun et urgent d'appeler votre attention la plus active sur l'estampillage des documents qui vous sont confiés. Certains bibliothécaires, en effet, ont le tort grave de ne pas attribuer à l'estampillage l'intérêt particulier qui s'attache à cette garantie exceptionnelle de propriété : il est essentiel qu'ils en comprennent mieux les avantages, et vous avez toute autorité pour les leur indiquer.

Le catalogue leur permet de remarquer l'absence ou la présence d'un volume sur les rayons ; quelquefois par les descriptions qu'il en fournit, de le distinguer de tout autre et de le revendiquer, s'il a été soustrait et si on le retrouve ; le foliotage leur donne le moyen de constater les lacérations faites dans les manuscrits, et les amène à en rechercher et à reconnaître les parties arrachées, mais une estampille ineffaçable peut empêcher le vol, le rend en tout cas apparent pour tous, lorsqu'il a été commis, et apporte avec elle une preuve matérielle de propriété, la meilleure, la plus claire des preuves, partant la moins discutable.

Cette mesure, disent quelques bibliothécaires, endommage les documents ; et sous ce prétexte, ils en rejettent à ce point l'emploi, que l'inspection générale m'a signalé des bibliothèques, parfois importantes, absolument privées d'estampille. Le prétexte est inacceptable surtout avec les excellents timbres d'aujourd'hui, car une estampille apposée avec adresse, ne produit aucune détérioration ; et l'estampillage a, d'ailleurs, de si sérieux avantages, qu'on devrait en négliger les inconvénients, même s'ils étaient réels.

Il importe donc que tous les documents d'une bibliothèque publique, imprimés, manuscrits, chartes, gravures, cartes ou plans, soient soigneusement estampillés, et je vous prie avec insistance, Monsieur le Maire, de vouloir bien donner des ordres pour qu'il en soit ainsi dans la bibliothèque de......

Vous veillerez à ce que les manuscrits, les chartes, les autographes, les incunables, les ouvrages rares ou couverts de notes, en un mot ceux qui ont une valeur particulière, soient tout d'abord l'objet des soins du bibliothécaire. Ces premiers documents estampillés, le travail pourra être continué au gré du bibliothécaire, pourvu qu'il soit poursuivi sans interruption.

Tant dans les manuscrits que dans les imprimés, l'estampille doit être apposée au commencement, à la fin , et une fois au moins à l'intérieur du volume. Quelques bibliothèques choisissent une page déterminée pour recevoir le timbre intérieur : cette excellente mesure a l'avantage de faciliter beaucoup les identifications en cas de détournement.

Lorsqu'un volume, manuscrit ou imprimé, forme un recueil de plusieurs pièces, chacune de ses parties doit être considérée et traitée comme si elle était isolée.

Il faut appliquer l'estampille *tout près* du corps de la page, mais de façon à ne pas couvrir le texte, surtout s'il s'agit de manuscrits dont l'écriture présente des difficultés de déchiffrement. Toutefois il vaut mieux encore empiéter sur le texte que de placer le timbre dans les marges blanches, où il serait tout à fait inutile, car il suffirait, pour le faire disparaître, de couper les bandes du parchemin ou du papier. S'il y a des espaces blancs dont l'envers soit écrit ou imprimé , c'est là qu'il convient de mettre l'estampille.

Dans les peintures et les ornements des manuscrits, la partie enluminée ne sera , en aucun cas , estampillée ; on apposera au verso , en prenant garde de ne point écailler les couleurs, une estampille de petite dimension , alors même que cette estampille devrait couvrir le texte.

Sur les chartes, gravures et plans, l'estampille doit être appliquée au verso de la surface écrite, gravée, imprimée ou lithographiée.

Quant aux lettres autographes, elles seront autant que possible estampillées au verso de la signature.

Il n'est pas indifférent de faire usage de telle ou telle espèce d'estampille. Le timbre humide doit seul être employé, le timbre sec ne laissant pas une empreinte assez apparente.

Le timbre métallique, qui était usité jusqu'à ces dernières années, avait l'inconvénient de risquer d'écailler les couleurs ; il existe aujourd'hui des timbres en caoutchouc qui présentent tous les avantages du timbre humide métallique, sans en avoir les inconvénients. Ils donnent, même à une légère pression, une empreinte ineffaçable.

Les estampilles oblongues de moyenne ou de faible dimension pouvant être plus facilement appliquées dans les petits espaces blancs sans couvrir le texte, sont les meilleures ; mais les bibliothèques importantes ont d'ordinaire deux estampilles : une pour l'usage journalier, une plus petite pour les pièces qui demandent à être timbrées avec beaucoup de précautions. Il est à propos de recommander que les estampilles soient aussi simples que possible et sans ornements ni armoiries ; elles seront ainsi de moindre dimension et par là plus pratiques, en même temps que d'une exécution moins coûteuse. La légende, entourée d'un filet, et en caractères maigres, doit être réduite aux mots et aux lettres strictement indispensables : Bibl. de

Il est essentiel que l'encre dont on se servira pour estampiller soit indélébile et puisse résister à toute action chimique : les encres grasses employées dans l'imprimerie (de préférence l'encre rouge) réunissent ces conditions à un degré suffisant. Pour que l'encre sèche vite sans maculer les feuillets juxtaposés et pour que l'empreinte ne s'efface point, il sera utile d'y ajouter un bon siccatif. Il est nécessaire de nettoyer souvent l'estampille et d'étendre l'encre en couche légère et égale sur le tampon d'étoffe destiné à la recevoir, afin d'obtenir une empreinte nette et d'éviter tout encrassement qui dégraderait les volumes.

Tels sont, Monsieur le Maire, les détails que je crois devoir vous prier de transmettre au bibliothécaire de votre ville. Il est bien certainement inutile que j'insiste davantage sur l'urgence d'une mesure plus importante qu'aucune autre pour la conservation des précieux documents des bibliothèques publiques; vous en comprenez trop le grand intérêt, pour que je doute de votre bon vouloir empressé à l'accomplir; mais je vous serai obligé de me tenir au courant du travail qui sera effectué sur vos instructions.

Recevez, Monsieur le Maire, etc.

TABLE.

Lille Imp. L. Danel